LA DIGITAL
PUBLICATIONS

LA Digital Publications presents *Armenian I: Reading and Vocabulary Practicum* for children.

WHAT IS THIS PROGRAM ABOUT? This is volume I of the first structured reading program in Armenian spanning across 87 levels of progressive complexity! *Armenian I* is the **beginner** volume, and it comprises first 30 levels called "modules." Each module consists of a text accompanied by multi-leveled questions targeting comprehension as well as word-study and vocabulary. Your children will read short relatable stories about animals, family, and adventures; they will also be gradually introduced to factual information about history and culture around the world.

HOW DOES THIS PROGRAM WORK? The program is based on a readability formula developed specifically for the Armenian language. Each volume begins with simpler texts and shorter sentences as well as easier high frequency words. The texts become increasingly more complex, with new vocabulary and syntax structures being gradually introduced.

WHO IS THIS VOLUME FOR? This beginner-level set of 30 modules is perfect for kids who can read basic Armenian, but wish to develop their reading, comprehension, and vocabulary skills.

WHAT WILL YOUR CHILD LEARN BY COMPLETING VOLUME I? By the end of Part 3 of this volume, children will recognize a larger number of easy high-frequency words; they will also start getting used to longer two-clause sentences with prepositional phrases, adjectives and dialogue. This volume starts off with simple factual stories, animal fantasy or realistic fiction.

RECOMMENDED METHOD OF READING: We recommend that your child cover a module a day, 3 to 5 times a week, for 20 minutes daily. Depending on your child's confidence in reading, a parent's or tutor's help may be necessary. The overall goal though is that your child will gradually start completing each module independently. By the end of this 6-week course, your child will grow to become a more confident and independent reader.

This is volume I of III in the series of Armenian reading and vocabulary practicums. Upon completion of volume I, your child should be ready to proceed to volume II and further expand their reading and comprehension skills.

Մակարդակ 1

Մոդուլ 1.1

Մկնիկները կատվին չէի՞ն հետաքրքրում... Իսկ տանը երկու մուկիկ էին ապրում: Մկնիկներից մեկը ունելիքի փշրանքներ էր հավաքում հատակից: Հետո դրանք քարշ էր տալիս իր բույնը: Երկրորդ մկնիկն ավելի ճարպիկ էր: Նա թիվածքաքլիթ էր գողանում հե՛նց սեղանի վրայից: Դեռ ավելի՛ն, նա կերը գողանում էր ուղիղ կատվի ամանից... Կատվի ունքերին էլ չէր: Կատուն սիրում էր ճանճ որսալ: Իսկ մկնիկներն այդպես էլ հանգիստ վազվգում էին նրա շուրջը:

1.   Ինչի՞ մասին է խոսվում տեքստի մեջ.

* Կատուներն ու մկները երբեք չեն կարող լեզու գտնել իրար հետ:

* Կատուն ուշադրություն չի դարձնում մկների վրա, իսկ նրանք հանգիստ զբաղվում են իրենց գործերով:

2.   Ի՞նչն է կատվին հետաքրքիր.

* հետևել մկներին
* ճանճ որսալ

3.   Ինչի՞ համար կարելի է կատվի պահվածքն անվանել զարմանալի: Ընտրե՛ք բոլոր հնարավոր պատասխանները.

* Կատուն ուշադրություն չի դարձնում մկների վրա:
* Կատվին չեն հետաքրքրում ճանճերը:

- Կատվի համար մեկ է ,որ մկնիկը գողանում է իր կերը:

4. Ինչու՞ է երկրորդ մկնիկն ավելի ճարպիկ, քան առաջինը.

- Կատուն ուշադրություն չի դարձնում մկների վրա:
- Առաջին մկնիկը չի կարող հասնել նրան:
- Ճարպիկ մկնիկը ունելիք է հայթայթում դժվար հասանելի տեղերից:

5. «Երկրորդ մկնիկն **ավելի ճարպիկ** էր» նախադասության մեջ ո՞ր տարբերակն է իր իմաստով ավելի մոտ «ավելի ճարպիկ» բառին:

- Երկրորդ մկնիկն ավելի ճկուն էր:
- Երկրորդ մկնիկն ավելի աղմկոտ էր:

6. Ո՞ր տարբերակն է իր իմաստով **հակադիր** «**հանգիստ**» բառին «Իսկ մկնիկներն այդպես էլ **հանգիստ** վազվզում էին նրա շուրջը» նախադասության մեջ.

- անվտանգ
- եռանդուն

7. Լրացրե՛ք բաց թողնված բառերը.

քարշ տալիս   հետաքրքիր   հանգիստ

- Շանը _________ չէին վանդակի մեջ գտնվող թութակները:
- Ճարպիկ կատուն հաճախ էր _________ նրբերշիկները սեղանի վրայից:

- Անհամբեր երեխաները չէին կարողանում ___________ նստել տեղում:

Մոդուլ 1.2

Ծեր հովվաշուն Բոդարն ամեն օր արածեցնում է ոչխարներին: Բոդարն այսպես աշխատում է արդեն ութ տարի: Առավոտյան Բոդարը մյուս հովվաշների հետ միասին փարախից դուրս է հանում ոչխարներին: Բոդարը չափից դուրս շատ է վազվզում ոչխարների շուրջը: Նա հավաքում է հոտը: Հետո շունն ուղարկում է ոչխարներին մարգագետնում արածելու: Հոտը հսկայական է: Բայց Բոդարը թույլ չի տալիս, որ որևէ ոչխար կորչի: Ցերեկը ոչխարները հովտում խոտ են որոնում: Այդ ընթացքում Բոդարը հանգստանում է ստվերում: Երեկոյան նա հետ կբշի ոչխարներին դեպի փարախ:

1. Ինչի՞ մասին է խոսվում տեքստի մեջ.

- Հովվաշուն Բոդարը շատ է աշխատում:
- Հովվաշուն Բոդարը հոգնել է ոչխար արածեցնելուց:

2. Ո՞րն է Բոդարի գլխավոր խնդիրը.

- Ոչխարներին խոտ արածել սովորեցնել:
- Ոչխարներին քշել հովիտ ու հետ բերել:

3. Ինչպե՞ս է Բոդարը վերականգնում ուժերը՝ ամբողջ ցերեկը վազվգելուց հետո.

- Բոդարը հանգստանում է ստվերում, քանի դեռ ոչխարներն արածում են մարգագետնում:

- Բողարը շատ կեր է ուտում։

4. Ինչի՞ համար է զարմանալի հովիվ շների աշխատանքը.

- Հովիվ շները վազվզում են ամբողջ օրը։
- Հովիվ շները կարողանում են ղեկավարել հսկա հոտը։

5. Որ՞ տարբերակն է իր իմաստով ավելի մոտ «մարգագետնում» բառին

"Հետո շներն ուղարկում են ոչխարներին
մարգագետնում արածելու» նախադասության մեջ.
- Հետո շներն ուղարկում են ոչխարներին արոտավայր։
- Հետո շներն ուղարկում են ոչխարներին այգի։

6. Ո՞ր տարբերակն է իր իմաստով **հականիր**«ստվերում» բառին
«Այդ ընթացքում Բողարը հանգստանում է **ստվերում**»
նախադասության մեջ.

- զովության մեջ
- արևի տակ

7. Լրացրե՛ք բաց թողնված բառերը.

Երեկոյան   արածում   քշել

- Որոշված էր ձիերին ___________ դեպի գետը։
- Առավոտյան սագերը խոտ են ___________ տան մոտ։
- ___________ քնելուց առաջ մենք գրքեր ենք կարդում։

Չիպը սիրում էր շրմփացնել ջրափոսերի մեջ: Իսկ լողանալ՝ նա պարզապես ատում էր: Չիպը ոչ մեծ, գանգուր պուդել էր:Նա գժվում էր գբրոսնելու համար և հաճախ էր լղզվում ինչ-որ բանով գբրոսանքի ժամանակ:Այդ դեպքում Չիպին լողացնում էին: Նախքան լողացնելը Չիպը բազմիցս թաքնվում էր մահճակալի տակ: Բայց տերը նրան բռնում էր ու մտցնում լոգարանի մեջ: Չիպը հակառակվում էր, հաչում ու փռշտում: Լողանուց հետո Չիպը մի լավ թափ էր տալիս իր վրայից չուրը տիրոջ վրա: Իսկ ընդհանրապես, Չիպն ընկերակցում էր տիրոջը:

1.   Ինչի՞մասին է խոսվում տեքստի մեջ.

   • Չիպին դժվար էր համոզել լողանալ:
   • Չիպը չէր սիրում թրջել թաթերը ջրափոսերի մեջ:

2.   Ինչի՞ համար էր անհրաժեշտ լողացնել Չիպին.

   • Չիպը հաճախ էր ինչ-որ բանով լղզվում գբրոսանքների ժամանակ:
   • Չիպի մազերի մեջ տերևներ էին խճճվում:

3.   Ինչ՞ ցեղատեսակ էր Չիպը.

   • Չիպը խառը ցեղատեսակի շուն էր:
   • Չիպը պուդել էր:

4.   Ինչպե՞ս էր Չիպն արտահայտում իր դժգոհությունը լողանալուց հետո.

- Նա սկսում էր կծել:
- Նա հակառակվում էր, հաչում ու փռշտում:

5.   Ո՞ր տարբերակն է իր իմաստով ավելի մոտ գտնվում «մի լավ» արտահայտությանը «Լողանալուց հետո Չիպը **մի լավ** թափ էր տալիս իր վրայից ջուրը տիրոջ վրա» նախադասության մեջ.

- Լողանալուց հետո Չիպը ջանասիրաբար թափ էր տալիս իր վրայից ջուրը տիրոջ վրա:
- Լողանալուց հետո Չիպը դիտավորյալ թափ էր տալիս իր վրայից ջուրը տիրոջ վրա:

6.   Ո՞ր տարբերակն է իր իմաստով **հակադիր** «ընկերակցում էր» արտահայտությանը «Իսկ ընդհանրապես, Չիան **ընկերակցում էր** տիրոջը» նախադասության մեջ.

- լեզու էր գտնում
- հակառակվում էր

7.   Լրացրե՛ք բաց թողնված բառերը.

մի լավ   քամսվել էր   գանգուր

- Երեխան ամբողջությամբ ___________ շոկոլադով:
- Իմ քույրը ___________ մազեր ունի:
- Ես ——————— դասավորեցի իմ հագուստը ճամպրուկի մեջ:

Մոդուլ 1.4

Ճյունիկ կատուն ջրից վախենում էր՝ ինչպես կրակից: Նույնիսկ երբ ջուր էր խմում ջրամանից, ապա դա անում էր շատ զգույշ: Ճյունիկն իր ամբողջ կյանքում երբեք չէր լողացել: Այնուամենայնիվ, նա համոզված էր,որ կատուների համար ջուրը վնասակար է և նույնիսկ՝ վտանգավոր: Ճյունիկը ջրից սկսեց վախենալ դեռևս երբ նա փոքրիկ ձագուկ էր:

Մի անգամ Ճյունիկը տանն ընկել էր արևի շողերի հետևից: Նա առջևի թաթով ակամայից ընկավ ջրով լի ջրամանի մեջ: Թաթի հետ ոչինչ չպատահեց: Ճյունիկը շատ զարմացավ: Նա սկսեց երբեմն թրջել իր թաթիկները ջրի մեջ՝ հատկապես շոգին: Բայց ընդհանրապես, Ճյունիկը շարունակում էր ջրին զգուշությամբ վերաբերվել:

1. Ինչի՞ մասին է խոսվում տեքստում.

- Ճյունիկ կատուն հասկացավ, որ ջուրն այնքան էլ ահավոր չէ կատուների համար, որքան ինքն էր մտածում առաջ:
- Ճյունիկ կատվին դուր եկավ ջուրը, և նա սկսեց լոգանք ընդունել:

2. Ո՞ր պահից սկսած Ճյունիկ կատուն սկսեց վախենալ ջրից.

- Այն բանից հետո, երբ նրան լողացրեցին:
- Դեռ այն ժամանակ, երբ նա փոքրիկ փիսիկ էր:

3. Ի՞նչ պարագայում Ճյունիկ կատուն թաթիկներով ընկավ ջրով լի կերամանի մեջ.

- Նա ընկել էր արևի շողերի հետևից և պատահաբար նրա

թաթիկն ընկավ ուղիղ ջրամանի մեջ:

- Նա որոշեց չփչփացնել ջրի մեջ:

4. Ի՞նչպես Չյունիկ կատուն հասկացավ, որ ջուրն այդքան էլ սարսափելի չէ կատուների համար.

- Նա իր թաթիկով պատահաբար ընկավ ջրով լի ամանի մեջ, և ոչինչ սարսափելի չպատահեց:
- որովհետև նա կարողացավ հանգիստ ջուր խմել ջրամանից:

5. Ո՞ր տարբերակն է իր իմաստով ավելի մոտ «զգուշությամբ» բառին «Բայց ընդհանրապես, Չյունիկը շարունակում էր ջրին **զգուշությամբ** վերաբերվել» նախադասության մեջ.

- Բայց ընդհանրապես, Չյունիկը շարունակում էր ջրին հոգատարությամբ վերաբերվել:
- Բայց ընդհանրապես, Չյունիկը շարունակում էր ջրին լրջությամբ վերաբերվել:

6. Ո՞ր տարբերակն է իր իմաստով **հակադիր** «ակամայից» բառին «Նա առջևի թաթով **ակամայից** ընկավ ջրով լի կերամանի մեջ» նախադասության մեջ.

- անզգուշաբար
- դիտավորյալ

7. Լրացրե՛ք բաց թողնված բառերը.

Ակամայից զգուշությամբ զարմացած

* Շունը _____________ ունկնդրում էր դռան ետևից լսվող տարօրինակ ձայներին:

* Երեխաներն_____________ թափեցին կաթը հատակին:

* Անցորդը _____________ էր ծաղկած ծառով:

Մոդուլ 1.5

Լրացավ Դեյվի երեսունները տարին: Չիու չափանիշներով՝ դա կենսաթոշակային տարիք է: Չնայած դրան՝ Դեյվը շարունակում է աշխատել:Վաղ անցյալում Դեյվը եղել է վարժվելու նժույգ: Նա նույնիսկ մասնակցել է բազմաթիվ մրցաշարերի: Արդեն շատ տարիներ Դեյվը աշխատում է մանկահասակ երեխաների հետ և օգնում նրանց սովորել ձի քշել :Օրեր շարունակ Դեյվը երկար ժամեր է անց կացնում ձիամարզարանում: Պրապմունքների ավարտին երեխաները Դեյվին տալիս են նրա սիրելի անուշեղենը՝ գազար կամ խնձորի կտորներ:

1. Ինչի՞ մասին է խոսվում տեքստում.

* Դեյվ անունով ձին այլևս չի ուզում աշխատել:
* Դեյվ անունով ձին չարչարվում է իր ամբողջ կյանքի ընթացքում:

2. Ինչ՞ է աշխատել Դեյվը երիտասարդ տարիքում.

* Դեյվն աշխատել է որպես վարժվելու նժույգ:
* Դեյվը մասնակցել է ձիարշավների:

3. Ինչ՞ է աշխատում Դեյվը հիմա.

- Նա աշխատում է կրկեսում:
- Նա սովորեցնում է երեխաներին ձի քշել

4. Ի՞նչ համով բաներ է սիրում ուտել Դեյվը.

- գազար ու խնձոր
- խոտ

5. Ո՞ր տարբերակն է իր իմաստով ավելի մոտ «կենսաթոշակային» բառին «Ձիու չափանիշներով՝ դա **կենսաթոշակային** տարիք է» նախադասության մեջ.

- Ձիու չափանիշներով՝ դա երիտասարդ տարիք է:
- Ձիու չափանիներշով՝ դա ծեր տարիք է:

6. Ո՞ր տարբերակն է իր իմաստով **հակադիր «վաղ անցյալում»** արտահայտությանը «**Վաղ անցյալում** Դեյվը եղել է վարժվելու նժույգ» նախադասության մեջ.

- վերջերս
- շատ տարիներ առաջ

7. Լրացրե՛ք բաց թողնված բառերը.

           Կենսաթոշակային   մրցաշարերի   օգնում էր

- Արդեն երրորդ դասարանում Սոֆիան մասնակցում էր գլխի —————:
- Հայրը մի անգամ չէր, որ ————— որդուն՝ աշխարհագրության հետ կապված:

- Պապիկը ————————— տարիքում ևս շարունակում է աշխատել:

Մոդուլ 1.6

Լաբրադոր Կուզմային տարին մեկ անգամ տանում են անասնաբույժի մոտ: Կուզման չի սիրում այս ուղևորությունները: Անձամբ անասնաբույժին Կուզման համարում է իր լավ բարեկամը: Անասնաբույժը գվարթ է և կարողանում է մի լավ քորել ականջի ետևը: Միայն թե անասնաբույժի աշխատողներն այդպես ընկերասեր չեն: Նրանք Կուզմային անդուր ներարկումներ են անում: Իսկ ամենավիրավորականը՝ դա լյոտի կատուն է, որ ապրում է կլինիկայում: Կատուն միշտ նստում է համակարգչի մոտ գտնվող դարակին ու վերից վար նայում Կուզմային: Կուզման կատվին ցույց է տալիս ատամներն ու գռմռում նրա վրա: Բայց դրա համար Կուզմային նախատում են:

1. Ինչի՞ մասին է խոսվում տեքստի մեջ.

- Կուզման հիանում է, երբ իրեն տանում են անասնաբույժի մոտ:
- Անասնաբույժին այցելելու ընթացքում Կուզմայի համար կան տհաճ պահեր:

2. Ինչու՞ Կուզմային այնքան էլ դուր չեն գալիս անասնաբույժի օգնականները.

- Նրանք ներարկում են իրեն:
- Նրանցից կատվի հոտ է գալիս:

3. Ինչպե՞ս է Կուզման վերաբերվում անասնաբույժին.

- Նրանք ընկերներ են:
- Կուզման ուզում է ատամ ցույց տալ անասնաբույժին:

4. Ի՞նչ կպատահի, եթե Կուզման գռմռա կատվի վրա.

- Կատուն կմռլտա Կուզմայի վրա:
- Կուզմային կնախատեն:

5. Ո՞ր տարբերակն է իր իմաստով ավելի մոտ «բարեկամ» բառին «Անձամբ անասնաբույժին Կուզման համարում է իր լավ **բարեկամը**» նախադասության մեջ.

- Անձամբ անասնաբույժին Կուզման համարում է իր լավ ընկերը:
- Անձամբ անասնաբույժին Կուզման համարում է լավ բժիշկ:

6. Ո՞ր տարբերակն է իր իմաստով հականիշ «ընկերասեր» բառին «Միայն թե անասնաբույժի աշխատողներն այդպես **ընկերասեր** չեն» նախադասության մեջ.

- ազրեսիվ
- բարիացկամ

7. Լրացրե՛ք բաց թողնված բառերը.

Նախատել   լկտի   վիրավորական

- Վրույր աննուևով տղան բարկացավ, բայց ——————

բառեր չասաց տատիկին:

* Մայրիկը կարծում էր, որ չի կարելի ——————— երեխաներին:

* Փոքրիկ տղան իրեն ——————— էր պահում ու չարդե՛ց իմ բոլոր խաղալիքները:

Մոդուլ 1.7

Ազաթս փիսիկը պաշտում է ձկան պահածոները: Սովորաբար Ազաթային կատվի կեր են տալիս: Բայց շաբաթը մի քանի անգամ Ազաթան վայելում է իր սիրելի ձուկը՝ տոմատի մածուկի մեջ, պահածոյի թիթեղյա տափակ ամանից:

Ավելին, Ազաթայի տանը ոչ շատ մեծ մի ակվարիում կա: Ակվարիումի մեջ ապրում են արծաթագույն, գծավոր՝ տարբեր փոքրիկ ձկնիկներ: Ազաթան հաճախ է նստում ակվարիումի մոտ և հետևում ձկներին: Երբեմն Ազաթան փորձում է հետ քաշել ակվարիումի կափարիչը: Ազաթան այնպես է ուզում որսալ գծավոր ձկներին:

«Եթե ձկները պահածոյի մեջ այդքան համեղ են, ուրեմն կենդանի ձկներն ակվարիումի մեջ պետք է, որ ավելի համեղ լինեն», — մտածում է Ազաթան: Բայց չգիտես ինչու, տանտերերը հեռու են քշում Ազաթային ակվարիումի մոտից և չեն թողնում նրան ձկնորսությամբ զբաղվել:

1. Ինչի՞ մասին է խոսվում տեքստի մեջ.

* Ազաթա փիսիկին թույլ չէին տալիս ձուկ ուտել:

* Ազաթա փիսիկը սիրում էր ձկան պահածոներ և երազում էր ձուկ որսալ ակվարիումից:

2. Ինչո՞վ է սովորաբար սնվում Ազաթան.

* կատվի կերով
* ակվարիումի ձկներով

3.   Ինչու՞ Ազատային չի հաջողվում ձուկ բռնել ակվարիումից.

* Ձկները թաքնվում են Ազբթայից ջրիմուռների մեջ:
* Նրա մոտ չի ստացվում հետ քաշել ակվարիումի կափարիչը:

4.   Ինչու՞ է Ազաթան որոշել, որ իրեն դուր կգան ակվարիումի ձկները.

* Որովհետև ձկները գծավոր էին:
* Որովհետև պահածոյացրած ձուկը շատ համեղ էր:

5.   Ո՞ր տարբերակն է իր իմաստով ավելի մոտ «հետևում » բառին «Ալիսան հաճախ է նստում ակվարիումի մոտ և **հետևում** ձկներին» նախադասության մեջ.

* Ալիսան հաճախ է նստում ակվարիումի մոտ և դիտում ձկներին:
* Ալիսան հաճախ է նստում ակվարիումի մոտ և ձուկ որսում:

6.   Ո՞ր տարբերակն է իր իմաստով հակադիր «պաշտում է» բառին «Ազաթա փիսիկը **պաշտում է** ձկան պահածոները» նախադասության մեջ.

* սիրում է
* տանել չի կարողանում

7.   Լրացրե՛ք բաց թողնված բառերը.

պաշտում է   վայելում էր   ծուկ որսալ

- Չբոսանքի ժամանակ արջուկը ___________ հատապտուղները:
- Ամռանը երեխաներին հաջողվում է ___________ :

Իմ հայրը պարզապես ___________ պաղպաղակը:

Մոդուլ 1.8

Ռիտա ձկնիկը բոլորովին վերջերս է բնակություն հաստատել ակվարիումում: Ակվարիումի բնակիչները սկզբում փախչում էին նրանից տարբեր ուղղություններով: Ռիտան չէր հասկանում, թե ինչու են իրենից վախենում: Բայց ժամանակի ընթացքում ընտելացան նրան: Ռիտան ընկերացավ ձկներին:

Մի անգամ ակվարիումում նոր ձուկ տեղավորեցրին: Ռիտայի ընկերներն անմիջապես թաքնվեցին ով որտեղ կարող էր: Իսկ Ռիտան ընդառաջ լողաց՝ ողջունելու նորեկ ձկնիկին: Սակայն նորեկ ձկնիկը «ողջույնի» փոխարեն կառչեց Ռիտայի լողաթևիկից: Ռիտան արագ հեռու լողաց և ջրիմուռների մեջ թաքնվեց կծող ձկից: Բարեբախտաբար, նոր ձկնիկին շուտով հանեցին ակվարիումից, իսկ Ռիտան սկվորեց զգոն լինել:

1.   Ինչի՞ մասին է խոսվում տեքստի մեջ.

- Ռիտա ձկնիկը չկարողացավ իր համար ընկերներ գտնել:
- Ռիտա ձկնիկը սկվորեց զգույշ լինել:

2.   Ինրպե՞ս մնացած ձկները դադարեցին վախենալ Ռիտայից.

- Ժամանակի ընթացքում նրանք ընտելացան նրան:
- Նա կարողանում էր նրանց համար ուտելիք ճարել:

3. Ինչո՞ւ Ռիտան ընդառաջ լողաց՝ ողջունելու նորեկ ձկանը.

- Ռիտան ուզում էր ուտել նորեկ ձկանը:
- Ռիտան չէր սպասում, որ նորեկ ձուկը կհարձակվի իր վրա:

4. Ինչպե՞ս Ռիտային հաջողվեց խուսափել նոր ձկնիկից.

- Ռիտան արագ հեռու լողաց նրանից և թաքնվեց ջրիմուռների մեջ:
- Ռիտան ինքը կծեց նորեկ ձկնիկին:

5. Ո՞ր տարբերակն է իր իմաստով ավելի մոտ «կառչեց» բառին «Սակայն նորեկ ձկնիկը «ողջույնի» փոխարեն **կառչեց** Ռիտայի լողաթևիկից» նախադասության մեջ.

- Սակայն նորեկ ձկնիկը «ողջույնի» փոխարեն կծեց Ռիտայի լողաթևիկը:
- Սակայն նորեկ ձկնիկը «ողջույնի» փոխարեն խատուտ տվեց Ռիտայի լողաթևիկից:

6. Ո՞ր տարբերակն է իր իմաստով հակադիր «տեղավորեցրին» բառին «Մի անգամ ակվարիումում նոր ձուկ **տեղավորեցրին**» նախադասության մեջ.

- ավելացրին
- հանեցին

7.   Լրացրե՛ք բաց թողնված բառերը։

Զգոն «ողջույնի» ողջունել

- Առավոտյան դասերակցուհին սովորեցնում էր երեխաներին՝ __________ միմյանց։
- Շունը —————— փոխարեն, չգիտես ինչու, հաչեց հյուրերի վրա
- Քույր ու եղբայր փորձում էին __________ լինել այգում հեծանիվ քշելու ընթացքում։

Մոդուլ 1.9

Ֆերմայում կովիկն ընկերացել էր խոզուկների հետ։ Սակայն ընկերները հաճախ էին վիճում։ Նրանք շատ էին ցանկանում ավելի շատ շփվել միմյանց հետ։ Բայց իրենց գործերից ելնելով՝ նրանց պատահաբար էր հաջողվում հանդիպել։ Այդ պատճառով էլ կովիկն ուզում էր խոզուկին իր հետ խոտ ուտել սովորեցնել։ Իսկ խոզուկը երազում էր, որ կովիկին ստիպի թավալ գալ ջրափոսում։ Ընկերները չկարողացան լեզու գտնել միմյանց հետ և սկսեցին վիճել։ Կովիկը բարձր բառաչում էր, խոզուկը մի լավ ճղավում էր։ Հավիկին հունից հանեց այս ամբողջ աղմուկը։

«Իսկ ինչ կա այստեղ վիճելու», — ասաց նա։» «Թող կովը խոտ ուտի ջրափոսի մոտ, որտեղ խոզն է գովանում», — առաջարկեց հավը։ Այդպես էլ արեցին։ «Դուք հիմա միասին կարող եք շարունակել զբաղվել յուրաքանչյուրն իր գործով», — կշկշաց հավը։ Այլևս վեճեր չեղան։

1.   Ինչի՞ մասին է խոսսավում տեքստի մեջ։

18

- Հավիկը կռկեցրեց կովին ու խոզին:
- Հավիկը լուծեց կովի ու խոզի մեջ ծագած վեճը:

2. Կովիկն ի՞նչ էր ուզում սովորեցնել խոզուկին.

- բառաչել
- խոտ ուտել

3. Խոզուկն ի՞նչ էր ուզում սովորեցնել կովիկին.

- թավալ գալ ցրափոսում
- կաղին ուտել

4. Ինչպե՞ս հաջողվեց հավին լուծել կովի ու հավի մեջ ծագած վեճը.

- Նա առաջարկեց նրանց զբաղվել իրենց սիրած գործով կողք կողքի:
- Նա առաջարկեց նրանց դադարել շփվելուց:

5. Ո՞ր տարբերակն է իր իմաստով ավելի մոտ «ճղղում էր» բառին «Կովիկը բարձր բառաչում էր, խոզուկը մի լավ **ճղավում էր**» նախադասության մեջ.

- Կովիկը բարձր բառաչում էր, խոզուկը մի լավ բղավում էր:
- Կովիկը բարձր բառաչում էր, խոզուկը մի լավ դղդում էր:

6. Ո՞ր տարբերակն է իր իմաստով հակադիր «շարունակել» բառին «Դուք հիմա միասին կարող եք **շարունակել** զբաղվել յուրաքանչյուրն իր գործով» նախադասության մեջ.

* Ա դռանից դուրս
* դադարեցնել

7. Լրացրե՛ք բաց թողնված բառերը.

երազում էր   ճղավում էին   վիճում էին

* Երբեմն քույր ու եղբայր ____________ , բայց հետո շատ արագ հաշտվում էին:
* Իմ ընկերուհին ____________ գնալ ժամանցի այգի:
* Երեխաները երջանկությունից ____________ , երբ տեսան նվերները:

Մոդուլ 1.10

Բորյա թութակը հաճախ էր ձանձրանում: Այդ ժամանակ նա սկսում էր սուլել ինչպես դռան զանգը: Տանտիրուհի Կարինեն վազում էր՝ բացելու դուռը, բայց այնտեղ ոչ ոք չէր լինում : Հետո Բորյան ծլնգացնում էր ինչպես Կարինեի բջջային հեռախոսը: Կարինեն ձեռքն էր վերցնում հեռախոսը և հասկանում, որ Բորյան նորից կատակ էր արել: Այդ ժամանակ նա բացում էր Բորյայի վանդակը և թույլ էր տալիս, որ Բորյան ինչքան ուզի թռչի սենյակով մեկ: Բորյան սիրում էր քայլել պատուհանագոգի ու գրասեղանի վրայով: Եթե Կարինեն կարդում էր, Բորյան նստում էր նրա գրքի վրա: «Բորյան լավիկն է», __ ասում էր Կարինեն: «Բոռռոյան լավվվիկն է, __ կրկնում էր Բորյան:

1. Ինչի՞ մասին է խոսվում տեքստի մոջ.

* Բորյա թութակը կարող է փարատել ձանձրույթը:

- Բորյա թութակի տիրոջին չգիտի ինչպես զվարճացնել նրան:

2. Ինչպե՞ս է Բորյան իր տիրուհուն հասկացնում, որ ուզում է թռչել վանդակից դուրս.

- Նա մարդկային ձայնով խնդրում է, որ նա իրեն բաց թողնի:
- Նա սկսում է նրա գլխին կատակներ խաղալ:

3. Ինչու՞ է Բորյան նստում Կարինեի գրքի վրա, երբ նա կարդում է.

- Նա ուզում է, որ Կարինեն իրեն շոյող որևէ բան ասի:
- Նա ուզում է նրա հետ միասին ընթերցել:

4. Ի՞նչ յուրահատուկ ընդունակություններ ուներ Բորյան.

- Նա կարողանում էր կարդալ:
- Նա կարողանում էր ճշգրիտ ընդօրինակել տարբեր ձայներ, օրինակ՝ հեռախոսի մեղեդին կամ դռան զանգը:

5. Ո՞ր տարբերակն է իր իմաստով ավելի մոտ «ինչքան ուզի» արտահայտությանը «Այդ ժամանակ նա բացում էր Բորյայի վանդակը և թույլ էր տալիս, որ Բորյան **ինչքան ուզի** թռչի սենյակով մեկ» նախադասության մեջ.

- Այդ ժամանակ նա բացում էր Բորյայի վանդակը և թույլ էր տալիս, որ Բորյան բավականին թռչեր սենյակով մեկ:
- Այդ ժամանակ նա բացում էր Բորյայի վանդակը և թույլ էր տալիս, որ Բորյան մի քիչ թռչեր սենյակով մեկ:

6.   Ո՞ր տարբերակն է իր իմաստով հակադիր «ճանճրանում» բառին «Բորյա թուբթակը հաճախ էր **ճանճրանում** նախադասության մեջ.

- տխրում
- ուրախանում

7.   Լրացրե՛ք բաց թողնված բառերը.

սուլել   կատակ էր անում   ինչքան կուզի

- Երկար զբոսանքից հետո շանը ջուր տվեցին, որ խմի
_____________ :

- Մեր պապիկը _____________ այնպես, որ բոլորը երկար ժամանակ ծիծաղում էին:

- Ամբողջ մանկության ընթացքում Վարդուհին երազում էր _____________ սովորել:

Մակարդակ 2

Մոդուլ 2.1

Մանուշի ծննդյան օրը նրան փոքրիկ, սպիտակ փիսիկ նվիրեցին: Նա նրան Պուշոկ անվանեց: Մանուշը երազում էր ման տալ փիսիկին տան մեջ՝ տիկնիկների մանկասայլակով: Բայց Պուշոկին սայլակի մեջ չես պահի: Նա անընդհատ դուրս էր թռչում այնտեղից: Ամբողջ օրը Մանուշը նստեցնում էր փիսիկին սայլակի մեջ: Պուշոկն էլ անմիջապես այնտեղից դուրս էր ցատկում:

Քնելուց առաջ Մանուշ շատ տխուր էր: Նա ցավում էր, որ Պուշոկին այդպես էլ չսովորեցրեց նստել սայլակի մեջ: Առավոտյան Մանուշը Պուշոկին հանգի՛ստ քնած գտավ սայլակի մեջ... Փիսիկը թույլ չտվեց Մանուշին, որ իրեն սայլակի մեջ դնի: Բայց այդ ժամանակից ի վեր, ամեն գիշեր նա ինքն էր բարձրանում՝ դրա մեջ քնի:

1. Ինչի՞ մասին է խոսվում տեքստի մեջ.

    - Պուշոկ փիսիկը չի քնում գիշերները:
    - Մանուշը փիսիկին սովորեցնում էր քնել մանկասայլակի մեջ:

2. Որտեղի՞ց Պուշոկ փիսիկը հայտնվեց Մանուշի մոտ.

    - Մանուշը նվեր ստացավ Պուշոկին ծննդյան տոներին:
    - Մանուշը նվեր ստացավ Պուշոկին ծննդյան օրը:

3. Ի՞նչ էր ուզում սովորեցնել Մանուշը Պուշոկին.

    - Որ Պուշոկը նստի տիկնիկների մանկասայլակում:
    - Որ Պուշոկը ցատկի ճաշի սեղանին:

4. Ինչու՞ էր Մանուշը տխրում քնելուց առաջ.

• Մանուշն ափսոսում էր, որ Պուշոկն իր հետ չխաղաց տիկնիկով:

• Մանուշն ափսոսում էր, որ այդպես էլ չսովորեցրեց Պուշոկին՝ նստել մանկասայլակի մեջ:

5. Ինչո՞վ կարելի է փոխարինել «թույլ չտվեց» արտահայտությունը «Փիսիկը **թույլ չտվեց** Մանուշին, որ իրեն սայլակի մեջ դնի» նախադասության մեջ.

• թողեց

• արգելեց

6. Ո՞ր տարբերակն է իր իմաստով հակադիր «հանգիստ» բառին «Առավոտյան Մանուշը Պուշոկին **հանգի´ստ** քնած գտավ սայլակի մեջ...» նախադասության մեջ.

• խաղաղ

• անհանգիստ

7. Լրացրե´ք բաց թողնված բառերը.

հանգիստ   անընդհատ   դուրս ցատկեց

• Պուդելն ——————— գռմռում էր թութակի վրա:

• Երեխաները ——————— խաղում էին խաղահրապարակում, քանի դեռ չէր եկել հարևան վնասակար տղան:

• Արկղից անսպասելի __________ մի ճաղրածու՝ զսպանակի վրա:

Մոդուլ 2.2

Միքայելն ու պապիկը որոշեցին բանջարեղենով բրնձի ապուր եփել: Հերթը հասավ ապուրին աղ լցնելուն:

«Ավելացրու՛ մի պտղունց աղ», — խնդրեց պապիկը:

«Մի պտղու՞նց, — հարցրեց Միքայելը: — Նմա՞ն է «ճմկտել» բառին... Երեկ հարևան տղան այնպես ցավոտ ինձ ճմկտեց»:

Այդ ժամանակ Միքայելը ձեռքը մտցրեց աղով լի տուփի մեջ և մի ամբողջ բուռ աղ գցեց ուղիղ կաթսայի մեջ: Պապիկը չհասցրեց ոչինչ անել:

«ՉԷ՛ որ ես ասացի՝ մի պտղունց աղ, իսկ դու մի ամբողջ բուռ գցեցիր, — ասաց պապիկը: —Պտղունց՝ դա այն է, երբ ինչ-որ բան ես բռնում երեք մատերով, դա նշանակում է բոլորովին քիչ-քիչ»: Պապիկը մի պտղունց աղ ցույց տվեց Միքայելին:

Միքայելը համտեսեց ապուրը: Հնարավոր չէ՛ր ուտել... Պապիկը ցավում էր Միքայելի համար. չէ որ նա այնպես ջանացել էր: Այդ ժամանակ պապիկը մի ամանի մեջ ապուր լցրեց ու սկսեց ուտել այն: Պապիկը նույնիսկ ցույց չտվեց, որ ջապիղց դուրս աղի էր: Միքայելը ողևորվեց:

«Այուս անգամ աղը ճիշտ կգցեմ, — խոստացավ Միքայելը: — Հիմա ես հիշում եմ. պտղունց՝ դա այն է, երբ ճմկտում ես առանց ցավ պատճառելու»:

1.   Ինչի՞ մասին է խոսվում տեքստի մեջ.

- Այն մասին, թե ինչի համար էր պապիկը նախատում Միքայելին:
- Այն մասին, թե ինչպես Միքայելը հասկացավ` ինչ բան է «պտղունցը»:

2. Ինչու՞ Միքայելը չափից դուրս ադ ցցեց ապուրի մեջ.

- Նա մտածեց, որ պտղունցը դա շատ ադն է:
- Նա չափազանց ադի ունելիք էր սիրում:

3. Ինչու՞ պապիկն սկսեց ուտել չափազանց ադի ապուրը.

- Նա ափսոսում էր թափել ապուրը:
- Նա չէր ուզում հիասթափեցնել Միքայելին:

4. Ի՞նչ է պտղունցը.

- Դա այն է, երբ ինչ-որ փշրվող բան ես վերցնում երեք մատերով:
- Դա ուժ է, որով ճմկտում ես:

5. Ինչո՞վ կարելի է փոխարինել «**պտղունց**» բառը.

- մի բուռ
- ճմկտել

6. Ո՞ր տարբերակնէ իր իմաստով հակադիր «ոգևորվեց» բառին «Միքայելը **ոգևորվեց**» նախադասության մեջ.

- ուրախացավ
- տխրեց

7.   Լրացրե՛ք բաց թողնված բառերը.

Ողնորվեց   ջանում էր   ցույց չտվեց

- Քաջիկը ցածրաձայն էր խոսում և ———————— չարթնացնել պապիկին:
- Զարուհին նույնիսկ ———————— , որ ինքը վիրավորված էր:
- Անջիկը լաց էր լինում, բայց արագ ———————— , երբ կատվի ձագուկին տվեցին իրեն:

Մոդուլ 2.3

Ամառանոցի բակում աճել էին բարձր մոլախոտեր: Մայրիկն ու հայրիկը պատրաստվում էին դրանք բոլորը դուրս քաշել: Բայց Քնարիկը աղաչում էր նրանց` չանել դա: Քնարիկը  մեծ երազող էր:Նա երևակայում էր, որ բակը` դա մոգական անտառ էր: Իսկ մոլախոտերը` կախարդական ծառեր: Քնարիկը վազվզում էր ծառ-մոլախոտերի արանքով և պատկերացնում էր` իբր պահմտոցի է խաղում անտառային փերիների հետ:

Քնարիկը նկատել էր, որ մի ծառ-մոլախոտի փոքրիկ ճյուղը կոտրվել էր: «Սրանք անտառային չար ոգիների հնարքներն են», — հայտարարեց նա: Անջիկը ճյուղը մագի ժապավենով նորից կապեց ցողունից և հաճախ էր չրում այն: Մի քանի օր անց ճյուղը աճե՛ց, նորից կպավ ցողունին: Անտառային չար ոգուն չհաջողվեց վնասել կախարդական ծառ-մոլախոտին:

Հետագայում, երբ հայրիկն ու մայրիկը կարգի էին բերում բակը, նրանք հանեցին բոլոր մոլախոտերը՝ բացի այն մեկից, որին փրկել էր Քնարիկը: Այդպես էլ այն մնաց, որ աճի բակում՝ ցանկապատի մոտ, ու ամռան ընթացքում աճեց Քնարիկից էլ բարձր:

1.   Ինչի՞ մասին է խոսվում տեքստի մեջ.

•   Այն մասին, թե ինչպես էր Քնարիկը բույսեր տնկում:
•   Այն մասին, թե ինչպես էր Քնարիկն ամռանը խաղում բակում:

2.   Ինչու՞ Քնարիկը խնդրեց ծնողներից՝ չհեռացնել մոլախոտերը.

•   Քնարիկը խաղում էր բակում և երևակայում, որ մոլախոտերը՝ դրանքկախարդական ծառեր են:
•   Քնարիկն արևից թաքնվում էր մոլախոտերի ստվերում:

3.   Ինչպե՞ս Քնարիկը փրկեց կոտրված մոլախոտը.

•   Նա պարարտանյութ օգտագործեց:
•   Նա նորից կապեց կոտրված ճյուղը մոլախոտից:

4.   Ինչու՞ Քնարիկի ծնողները չհանեցին փրկված մոլախոտը.

•   Դա բարձր մոլախոտ էր, որին հնարավոր չէր հեռացնել:
•   Նրանք ափսոսում էին հանել այն մոլախոտը, որին խնամել էր Քնարիկը:

5.   Ինչո՞վ կարելի է փոխարինել «հնարքներ» բառը «Սրանք անտառային չար ոգիների **հնարքներն** են» նախադասության մեջ.

- պատմություններ
- կատակներ

6. Ո՞ր տարբերակն է իր իմաստով հակադիր «աղաչում էր» բառին «Բայց Քնարիկը **աղաչում էր** նրանց՝ չանել դա» նախադասության մեջ.

- խնդրում էր
- պահանջում էր

7. Լրացրե՛ք բաց թողնված բառերը.

Հնարքներ   երևակայում   չկնասել

- Պետրոսը կարդում էր այն մասին, թե ինչպես ——————— բնությանը:
- Մանուկ ժամանակ ես հաճախ էի երազում արկածների մասին և ինձ փրկիչ էի ——————— :
- Կարտոֆիլն ընկած էր հատակին: Դա մեր Սիմոն կատվի ——— ——————— էին:

Մոդուլ 2.4

Շանը թույլատրվում էր բակ դուրս գալ, իսկ կատվին՝ ոչ: Այդ պատճառով էլ կատուն շատ էր նախանձում շանը: Շունն ամբողջ օրը տնից բակ էր նետվում և բակից՝ տուն: Նա ոչ մի կերպ չէր կարողանում որոշել, թե որտեղ էր իր համար ավելի լավ՝ տա՞նը, թե՞ բակում: Բակում շունը հաճախ էր պատկերացնում, թե ինչպես են տանը բոլորը կատվի հետ բրնձի խաղում ու կերակրում կատվին նրբերշիկներով:

Շունն իրեն վիրավորված էր զգում, որ տանը բոլորն ուրախանում են առանց իրեն: Շունը գիտեր, որ տերերին դուր չի գալիս, երբ ինքը բա հաչում էր: Այդ ժամանակ նա սկսում էր վազստալ, և նրան անմիջապես տուն էին քշում:

Իսկ տանը ոչ ոք բռնցի չէր խաղում: Նրբերշիկների հոտ նույնպես չէր գալիս: Այդ ժամանակ շունը հիշում էր, որ կարելի էր ծտտիկներին քշել բակում: Նա նաև սիրում էր քորել կողերը ցանկապատով: Շունն սկսում էր համառորեն վազստալ ու տերերին իր մռութով ցույց էր տալիս դեպի դուռը: Այդպես նա սովորաբար խնդրում էր դուրս գնալ: Տերերը նրան անմիջապես դուրս էին թողնում:

Այսպես շարունակվում էր ամբողջ օրը:

Կատուն ապշած էր, թե ինչպես շունը չի գնահատում իր ազատությունը ու միշտ դժգոհ էր: Ա՛յ թե կատվին թողնեին բակ, նա կգրոսներ միշ մութն ընկնելը ու չէր վազի հետ ու առաջ:

1.   Ինչի՞ մասին է խոսվում տեքստի մեջ.

•   Այն մասին, թե ինչպես են կատուն ու շունը վերաբերվում բակային գրոսանքներին:
•   Այն մասին, թե ինչպես է շունը քշում կատվին:

2.   Ինչու՞ էր շունն ամբողջ ժամանակ խնդրում, որ բակից տուն գնա:

•   Բակում չափազանց ադմուկոտ էր:
•   Շունը մտածում էր, որ տանն առանց իրեն խաղում են կատվի հետ ու նրբերշիկ ուտում:

3.   Բակում ի՞նչն էր գրավում շանը.

•   Բակում կարելի էր ընկնել ծտտիկների հետևից: 30

- Բակում հաճելի եղանակ էր։

4. Ինչի՞ մասին էր երազում կատուն.

- Կատուն երազում էր տապակած նրբերշիկների մասին։
- Կատուն երազում էր գբոսնել մինչև մութն ընկնելը։

5. Ինչո՞վ կարելի է փոխարինել «համառորեն» բառը «Շունն սկսում էր **համառորեն** վնգստալ ու տերերին իր մռութով ցույց էր տալիս դեպի դուռը» նախադասության մեջ.

- հաստատամիտ
- տհաճ

6. Ո՞ր տարբերան է իր իմաստով **հակադիր** «**բարձր**» բառին «Շունը գիտեր, որ տերերին դուր չի գալիս, երբ ինքը **բարձր** հաչում էր» նախադասության մեջ.

- աղմկոտ
- հանդարտ

7. Լրացրե՛ք բաց թողնված բառերը.

Վիրավորական   հիշում   նետվում էին

- Ակվարիումի մեջ արծաթագույն ձկները —————— մի կողմից մյուսը։
- Վասրսիկը բարկացավ, բայց —————— բառ չասաց։
- Ռևսուցիչը հաճախ էր —————— համալսարանում անց

կացրած երջանիկ տարիները:

Մոդուլ 2.5

Մայրիկն ու Վանիկը որոշեցին պտուղ բանջարեղեն աճեցնել իրենց պատշգամբում: Մայրիկը մեծ զամբյուղներ գնեց: Այնտեղ նա հատուկ պարարտացված հող լցրեց պարկից: Հետո մայրիկն ու Վանիկն անցան տարբեր բանջարեղեն ու հատապտուղ ցանելուն: Վանիկը հողի մեջ ոչ մեծ փոսիկներ փորեց: Հետո նա սերմը դրեց այնտեղ և հող ցանեց վրեն: Մայրիկը հիշեցնում էր Վանիկին՝ ժամանակին ջրել բույսերը:

Գրեթե կլոր տարին Վանիկն ու մայրիկը թփերից բերք էին հավաքում: Սկզբում նրանց մոտ հայտնվեցին ելակի մուգ կարմիր պտուղները: Հետո նրանք հավաքեցին կանաչ վարունգները: Վարունգներից հետո՝ կամիր հյութեղ լոլիկները:

Վերջապես մայրիկը կանչեց Վանիկին՝ կարտոֆիլ հավաքելու: Վանիկը նայեց թփին ու ոչինչ չգտավ այնտեղ: «Բայց կարտոֆիլը չի աճել», — ասաց նա: Այդ ժամանակ մայրը ժպտաց և քաշեց- հանեց թուփը հողից: Այդպես Վանիկը հասկացավ, որ կարտոֆիլի պալարներն աճուն են հողի մեջ:

1. Ինչի՞ մասին է խոսվում տեքստի մեջ.

• Այն մասին, թե որքան օգտակար է բանջարեղեն ուտելը:

• Այն մասին, թե ինչպես էին մայրիկն ու Վանիկը պտուղ բանջարեղեն աճեցնում:

2. Որտեղի՞ց էր հիշում Վանիկը, թե երբ ջրի բույսերը.

• Այդ մասին նրան հիշեցնում էր մայրը:

32

- Նա հեռախոսի մեջ իր համար հիշեցում էր թողել:

3. Առաջինը ո՞ր բանջարեղեններն ու հատապտուղները հասունացան.

- Առաջինը հասունացան վարունգները:
- Առաջինը հասունացավ ելակը:

4. Ինչու՞ Վանիկը որոշեց, որ կարտոֆիլը չի հասել.

- Վանիկը չգիտեր, որ կարտոֆիլի պալարներն աճում են հողի մեջ:
- Վանիկը հանեց կարտոֆիլի թուփը, բայց արմատների վրա ոչինչ չկար:

5. Ինչո՞վ կարելի է փոխարինել «անցան» բառը « Հետո մայրիկն ու Վանիկն **անցան** տարբեր բանջարեղեն ցանելուն» նախադասության մեջ.

- մտածեցին
- սկսեցին

6. Ո՞ր տարբերակն է իր իմաստով **հակադիր «ժամանակին»** բառին «Մայրիկը հիշեցնում էր Վանիկին՝ **ժամանակին** ջրել բույսերը» նախադասության մեջ.

- ուշ
- ճիշտ ժամին

7. Լրացրե՛ք բաց թողնված բառերը.

- Շատ անհրաժեշտ էր անհապաղ գնել ————— համազգեստ` հեծանիվ քշելու համար:
- Առավոտից բոլորն ————— մաքրության:
- Պապիկի կոտլետները յուրահատուկ ————— ստացվեցին:

Մոդուլ 2.6

Լուսինեին նվիրեցին գերմանական հովվաշան ձագուկ: Շնիկին անվանեցին Մաքս: Մաքսը մեծանում էր ոչ թե օրով, այլ ժամով: Նա շատ խելամիտ էր: Լուսինեն անմիջապես սովորեցրեց նրան` տալ թաթը: Իսկ երբ Մաքսը լսում էր «գբոսնել» հրամանը, անմիջապես վազում էր դռան մոտ: Բայց շունիկը կամակոր էր մեծանում ու շատ էր հոխորտում: Նա դուրս էր պրծնում կապից գբոսանքի ժամանակ: Նա հաճախ էր հակառակվում ու հրաժարվում էր այգուց տուն գնալ :Մաքսը հաչում էր հարևանների վրա, գռմռում էր ու ատամներն էր ցույց տալիս նրանց:

Այդժամանակ հայրիկն սկեց տանել Մաքսին վարժեցնողի մոտ: Երբ վարժեցնողն աշխատում էր նրա հետ, շնիկն իրեն զարմանալիորեն լավ էր դրսևորում: Սակայն Լուսինեի հետ Մաքսը չէր դադարում չարաճճիություններ անել: Բայց Լուսինեն չէր հանձնվում և շարունակում էր դաստիարակել շնիկին: Անցավ մի տարի, ու Մաքսին ճանաչել: Նա շատ հրահանգներ էր սովորել: Նա այլևս ցույց չէր տալիս ատամները հարևաններին ու չէր պոկվում շղթայից: Մաքսը փոխակերպվել էր խելացի, լավ հովվաշան:

1.   Ինչի՞ մասին է խոսվում տեքստի մեջ.
- Այն մասին, թե ինչպես Մաքս անունով շնիկը չէր կարողանում սովորել հրահանգները:

- Այն մասին, թե ինչպես կամակոր շնիկ Մաքսը մեծացավ դարձավ խելացի, լավ շուն:

2. Ինչո՞ Լուսինեին անմիջապես հաջողվեց սովորեցնել Մաքսին.

- Լուսինեն կարողացավ անմիջապես սովորեցնել Մաքսին` տալ թաթը:
- Լուսինեն կարողացավ անմիջապես սովորեցնել Մաքսին` հաչալ հրահանգի դեպքում:

3. Ինչու՞ հայրիկն սկսեց Մաքսին տանել վարժեցնողի մոտ.

- Որպեսզի սովորեցնի Մաքսին իրեն ճիշտ դրսևորել:
- Որպեսզի Մաքսն աշխատի կրկեսում:

4. Ինչու՞ պատմության վերջում Մաքսն անճանաչելի էր դարձել.

- Որովհետև նա մեծացել` դարձել էր հսկա շուն:
- Որովհետև Մաքսը դադարեց հոխորտալ ու դարձավ շատ ենթարկվող:

5. Ինչո՞վ կարելի է փոխարինել «հոխորտում էր» բառը «Բայց շունիկը կամակոր էր մեծանում ու շատ **էր հոխորտում**» նախադասության մեջ.

- գվարճանում էր
- չարաճճիություններ էր անում

6. Ո՞ր տարբերակն է իր իմաստով **հականիշ** «**խելամիտ**» բառին «Նա շատ **խելամիտ** էր» նախադասության մեջ.

- Հիմար
- Խելացի

7.   Լրացրե՛ք բաց թողնված բառերը։

փոխակերպվել էր   ճանաչել   հակառակվում էր

- Սիման այնքան էր մեծացել արձակուրդների ընթացքում, որ նրան հնարավոր չէր —————— ։
- Իշուկը չէր ուզում տեղից շարժվել և ամեն ինչում —————— ։
- Վերանորոգումից հետո իմ սենյակը —————— իսկական երաժշտական ստուդիայի։

Մոդուլ 2.7

Նիկա կատուն այսօր իրեն տարօրինակ էր պահում։ Նա պատի մոտ երկար ժամանակ նայում էր հատակին։ Տանտերերը հատակին ոչինչ չտեսան ու միայն թոթովեցին ուսերը։

Գիշերը տանտերերն արթնացան տարօրինակ խշխշոցից։ Նրանք վառեցին լույսը։ Նիկան նստել էր սառնարանի մոտ ու ինչ-որ բան էր նայում նրա տակ։ Տանտերերը նորից ոչինչ չտեսան այնտեղ։ Նրանք նոր էին հասել անջասենյակ, երբ հանկարծ նորից խշխշոց լսեցին։ Նիկան էր չափչփում խոհանոցը։

Հանկարծ Նիկան կանգ առավ ու տեղավորվեց հատակին՝ աթոռի մոտ։ Տերերը ուշի ուշով նայեցին։ Նիկան մու՛կ էր բռնել... Նա բռնել նրան բերանով, իսկ հետո բաց թողեց։ Մկնիկը փորձեց փախչել, իսկ

Նիկան նրան անմիջապես որսաց։ Նիկան չէր պատրաստվում ուտել մկնիկին։ Նա պարզապես նրա հետ խաղում էր։ Տերերը զգուշորեն

36

վերցրին մկնիկին և տեղավորեցին նրան թղթե տոպրակի մեջ: Նրանք գովեցին Նիկային, իսկ մկնիկին բաց թողեցին դաշտում:

1. Ինչի՞ մասին է խոսվում տեքստում.

   • Այն մասին, թե ինչպես էր կատռուն հսկում սառնարանը:
   • Այն մասին, թե ինչպես էր Նիկա կատուն մուկ բռնում:

2. Ինչի՞ց արթնացան տանտերերը գիշերվա կեսին.

   • Նրանք արթնացան տարօրինակ խշխշոցից:
   • Նրանք արթնացան զարթուցիչի ձայնից:

3. Ինչու՞ Նիկա կատուն սկեց չափչփել խոհանոցը.

   • Նա վախեցավ աղմուկից:
   • Նա ընկել էր մկան հետևից:

4. Ի՞նչ արեցին տերերը մկան հետ.

   • Նրանք թողեցին մկնիկին տանը՝ որպես նոր տնային կենդանի:
   • Նրանք բաց թողեցին մկնիկին դաշտում:

5. Ինչո՞վ կարելի է փոխարինել «թոթովեցին ուսերը» բառակապակցությունը « Տերերը հատակին ոչինչ չտեսան ու միայն **թոթովեցին ուսերը**» նախադասության մեջ.

   • հասկացան՝ ինչ էկատարվում

- լիցքաթափվում էին

6.   Ո՞ր տարբերակն է իր իմաստով **հակադիր** «**խշխշոց**» բառին « Նրանք նոր էին հասել Անջասեկյակ, երբ հանկարծ նորից **խշխշոց** լսեցին» նախադասության մեջ.

- ադմուլ
- լռություն

7.   Լրացրե՛ք բաց թողնված բառերը.

տարօրինակ   չափչփելը   բաց թողեցին

- Պասկադրության ժամանակ նորապասկները երկնքում աղավնիներ ______________ :
- Այգին __________ երեխաների սիրած զբաղմունքն էր:
- Մեր առջև __________ պատեր հայտնվեց. կատուն փռվել էր լվացարանի մեջ ու մռռացնում էր:

Մոդուլ 2.8

    Նարեկը համոզեց մայրիկին ու հայրիկին` ակվարիումի մեջ ձկներ պահել: Մեծ ակվարիում ընտրեց Նարեկը: Նա դրա վրա ծախսեց խնայատուփի գրեթե ամբողջ փողերը: Մայրիկն ու հայրիկը Նարեկի համար գնեցին ամբողջ յո՛թ ձուկ… Նրանք լողում էին կանաչ, եկար ջրիմուռների միջև. Ավելին, Նարեկը ձկների համար քարանձավ դրեց ու ծովախեններ մի ոչ մեծ նավակ, որպեսզի նրանք կարողանան այնտեղ պատսպարվել:

Դեղին ձկներից մեկի աչքի շուրջը կապույտ հետք կար։ «Այս ձկնիկը կոչվում է «դիմակով թիթեռ»,— ասաց մայրիկը։ Այդ անվանումը շատ ծիծաղեցրեց Նարեկին։ Չէ՞ որ աչքի շուրջը հետքով ձուկն ավելի շուտ հիշեցնում էր ծովահենի, քան թե թիթեռի։ «Ես այս ձկանը կանվանեմ կապիտան Ֆլինտ՝ ինչպես հայտնի ծովահենին», — հայտարարեց Նարեկը։ Կապիտան Ֆլինտը այդ ժամանակ ուղղակի նետվում էր այս ու այն կողմ՝ ծովահենների նավակի տախտակամածին։ Թվում էր՝ նա փնտրում է գանձերի քարտեզը կամ էլ պատրաստվում ծովամարտի։

1.   Ինչի՞ մասին խոսվում տեքստի մեջ.

   •   Այն մասին, թե ինչպես Նարեկը ձկներով լի ակվարիում ձեռք բերեց։

   •   Այն մասին, թե ինչպես էր Նարեկը երազում կռվել ծովահենների հետ։

2.   Որտեղի՞ց էին փողերը Նարեկին՝ ակվարիումի համար.

   •   Նարեկը տնտեսել էր փողը։

   •   Նարեկին ընկերներն էին փող տվել։

3.   Որտե՞ղ կարող էին թաքնվել ձկները ակվարիումի մեջ.

   •   Ձկները թաքնվելու տեղ չունեին։

   •   Ձկները կարող էին թաքնվել քարանձավի և ծովահենների նավակի մեջ։

4.   Ինչու՞ Նարեկը դեղին ձկնիկին անվանեց կապիտան Ֆլինտ.

- Դեղին ձկնիկի աչքի շուրջը հետքեր կային, և նա հիշեցնում էր ծովահենի:
- Դեղին ձուկը գիշատիչ էր:

5. Ինչո՞վ կարելի է փոխարինել «նետվում էր» բառը «Կապիտան Ֆլինտը այդ ժամանակ ուղղակի **նետվում էր** այս ու այն կողմ՝ ծովահենների նավակի տախտակամածին» նախադասության մեջ.

- ցած էր նետվում
- սլանում էր

6. Ո՞ր տարբերակն է իր իմաստով **հականիշ «ծախսեց»** բառին «Նա դրա վրա **ծախսեց** խնայատուփի գրեթե ամբողջ փողերը» նախադասության մեջ.

- ձեռք բերեց
- կորցրեց

7. Լրացրե՛ք բաց թողնված բառերը.

հիշեցնում էր   ծիծաղեցրեց   Համոզել

- _____________ ծնողներիս, որ ինձ հեռախոս առնեն՝ դժվար էր:
- Երկնքում հսկա ամպը Սաշային _____________ վանիլային պաղպաղակ:
- Հովվաշան մասին կատակերգությունն ինձ շատ _____________ :

Սեղանին դրված էր տանձերով լի մի սկա, հյուսած զամբյուղ: Մանիկն այնտեղից դատարկեց տանձերը: Հետո նա ձեռքն առավ զամբյուղն ու դրա հետ միասին վազեց բակ՝ հեռվից դրա մեջ գնդակներ նետելու: Նրան միացավ մայրը: Մայրիկը հայտարարեց, որ Մանիկը բասկետբոլ էր խաղում: Մանիկը զարմացավ: Մայրիկը բացատրեց, որ անգլերեն «բասկետ»՝ դա զամբյուղն է, իսկ «բոլ»՝ գնդակը: Խաղալ բասկետբոլ՝ նշանակում է գնդակը նետել զամբյուղի մեջ:

Այդ ժամանակ հայտնվեց հայրիկը և պատմեց բասկետբոլի պատմությունը: Բասկետբոլը հորինել է քոլեջի դասախոս Ջեյմս Նեյսմիթը դեռն՛ս 1891 թվականին: Բանը նրանում էր, որ ֆիզկուլտուրայի ժամերին նրա աշակերտները շատ էին ձանձրանում: Այդ ժամանակ Նեյսմիթին հանձնարարեցին՝ նրանց համար ինչ-որ հետաքրքիր բան մտածել: Ահա նա էլ դեղձի երկու զամբյուղ կապեց մարզասրահի բազրիքից: Նեյսմիթը ուսանողներին բաժանեց երկու թիմի: Նա բացատրեց նրանց, որ իրենք պետք է նետեն գնդակները զամբյուղի մեջ: Հաղթող կդառնա այն թիմը, որն ավելի շատ գնդակներ կնետի հակառակորդի զամբյուղի մեջ:

Լսելով Նեյսմիթի պատմությունը՝ Մանիկը հայտարարեց. «Ջեյմս Նեյսմիթը հորինել է բասկետբոլը՝ դեղձի արկղով: Իսկ ես հորինել եմ տանձի՛ արկղով...»:

1. Ինչի՞ մասին է խոսվում տեքստի մեջ.

- Այն մասին, թե ինչպես Մանիկն իմացավ բասկետբոլի պատմության մասին:
- Այն մասին, թե ինչպես Մանիկը նոր սպորտաձև հորինեց:

2. Ինչու՞ մայրիկն ասաց, որ Մանիկը բասկետբոլ էր խաղում.

* Որովհետև Մանիկը բասկետբոլի պարապմունքի էր:
* Որովհետև Մանիկը գնդակը նետեց զամբյուղի մեջ:

3. Ինչպե՞ս Ջեյմս Նեյսմիթը սկիզբ դրեց բասկետբոլ խաղին.

* Նա մարզասրահի պատշգամբի բազրիքից դեղձի արկղ կապեց:
* Նա գնդակը ներկեց նարնջագույն գույնով:

4. Ինչպե՞ս կատակեց Մանիկը պատմության ավարտին.

* Նա հայտարարեց, որ կջախջախի Ջեյմս Նեյսմիթին բասկետբոլում:
* Նա հայտարարեց, որ հորինել է բասկետբոլի մի տեսակ, երբ գնդակը նետում են տանձի արկղի մեջ:

5. Ինչո՞վ կարելի է փոխարինել «դասախոս» բառը «Բասկետբոլը հորինել է քոլեջի **դասախոս** Ջեյմս Նեյսմիթը դեռևս 1891 թվականին» նախադասության մեջ.

* ուսուցիչ
* հետազոտող

6. Ո՞ր տարբերակն է իր իմաստով **հակադիր** «**կնետի**» բառին «Հաղթող կդառնա այն թիմը, որն ավելի շատ գնդակներ **կնետի** հակառակորդի զամբյուղի մեջ» նախադասության մեջ.

* կգցի

- բաց կթողնի

7. Լրացրե՛ք բաց թողնված բառերը.

միանալ   հեռվից   զարմացանք

- Մենք բոլորս __________ իմանալով` որքան մեծ է մեր գալակտիկան:
- Ուսուցիչը __________ հետևում էր վիճող աշակերտներին:
- Վարսիկը ցանկանում էր արագ ավարտել դասերը, որպեսզի __________ բակի երեխաներին:

Մոդուլ 2.10

Մի անգամ փոքրիկ աղջնակին նվիրեցին գունավոր մատիտների մի տուփ: Մատիտներն անհամբերությամբ սպասում էին, թե ում կընտրի նա նկարչության համար: Յուրաքանչյուր մատիտ իրեն համարում էր մնացած բոլորից ավելի կարևոր:

— Ես կարող եմ հիանալի վարդ նկարել,— հպարտորեն ասաց կարմիր մատիտը:

—Իսկ ես` ջերմ արև,— չգիշեց նրան նարնջագույնը:

—Առանց ինձ` ձեր մոտ երբեք չեն ստացվի փոքրիկ, փափլուկ ճուտիկներ,—զգուշացրեց դեղինը:

— Եվ ի՞նչ պետք է անեք դուք, եթե ցանկանաք նկարել զարնանային տերևներ ,— հարցրեց կանաչը :

— Բոլորը գիտեն, որ ցանկացած նկարի մեջ ամենակարևորը դա անամպ երկինքն է, — ընդդիմացավ երկնագույնը:

—Մի՞թե տաք ծովից ավելի լավ բան կա, — զարմացավ

կապույտը։

—Կարող եք վիճել որքան ուզում եք, բայց ձեզանից ոչ ոք չի կարող նկարել անտառային մանուշակներ,— պարծեցավ մանուշակագույնը։

Անջիկն անասելի ուրախ էր իրեն նվիրած գունավոր մատիտներով։ Յուրաքանչյուր մատիտ ցանկանում էր, որ ընտրեին հատկապես իրեն։ Իսկ անջիկը վերցրեց բոլոր յոթ մատիտներն ու նկարեց ծիածան։

1. Ինչի՞ մասին է խոսվում տեքստի մեջ.

- Այն մասին, որ բոլոր գույների մատիտներն էլ կարևոր են։
- Այն մասին, թե ինչպես անջիկը սովորեց նկարել։

2. Ինչի՞ մասին էին վիճում գունավոր մատիտները.

- Այն մասին, որ որոշ մատիտներ ավելի շատ են օգտագործվում, քան մյուսները։
- Այն մասին, որ նրանցից յուրաքանչյուրը կարևոր է մնացածներից։

3. Ինչու՞ էր կանաչ մատիտն իրեն համարում բոլորից ավելի կարևոր.

- Որովհետև նրա օգնությամբ կարելի է կոկորդիլոս նկարել։
- Որովհետև նրա օգնությամբ կարելի է գարնանային կանաչ սաղարթ նկարել։

4. Ինչպե՞ս անջիկը ցույց տվեց պատմության վերջում, որ բոլոր գույներն էլ կարևոր են։

- Նա նկարեց ծիածան:
- Նա նկարեց դաշտային ծաղիկներ:

5. Ինչո՞վ կարելի է փոխարինել «անասելի» բառը «Անշիկն **անասելի** ուրախ էր` իրեն նվիրած գունավոր մատիտներով» նախադասության մեջ.

- մի թեթև
- շատ

6. Ո՞ր տարբերակն է իր իմաստով **հակադիր «ավելի կարևոր»** բառին.

«Յուրաքանչյուր մատիտ իրեն համարում էր մնացած բոլորից *ավելի կարևոր*» նախադասության մեջ.

- ավելի աննշան
- ավելի գլխավոր

7. Լրացրե՛ք բաց թողնված բառերը.

պարծենալ զգուշացնինք անհամբերությամբ

- Մենք ____________ հյուրերին սպասվող անձրևի մասին:
- Մարիան շատ էր ցանկանում ____________ նոր շմուշկներով:
- Տատիկն ____________ էր սպասում Փարիզից իմ վերադարձին:

Մակարդակ 3

Մոդուլ 3.1

Մորիս անունով մկնիկը սիրում էր ազնվամորու պաղպաղակ, բայց առանձնապես չէր հետաքրքրվում մաթեմատիկայով: Խնդիրներ լուծելու փոխարեն՝ նա հեռախոսով երկար ժամանակ տեսահոլովակներ էր նայում: Մի անգամ մայր մուկը Մորիսին խանութ ուղարկեց ուտելիքի հետևից.

— Երբ կվերցնես ամբողջ մթերքը, կարող ես մանրին քո համար պաղպաղակ գնել:

Խանութում Մորիսը գնեց կաթ, զազար, կարագ և այլ մթերքներ: Երբ գանձապահը մանրը տվեց նրան, Մորիսը խնդրեց.

—Տվեք ինձ, խնդրում եմ, ազնվամորու պաղպաղակ:

—Ազնվամորու պաղպաղակն արժի երկու հարյուր դրամ,— պատասխանեց գանձապահը, — քանի՞ հատ ես դու ուզում: Մորիսի մոտ մնացել էր հինգ հարյուր դրամ: Բայց և այնպես նա չէր հասկանում քանի բաժակ ազնվամորու պաղպաղակ ինքը կարող էր գնել այդ գումարով: Մորիսը շատ ամաչեց: Կարեկից գանձապահն օգնեց նրան հաշվի մեջ և տվեց երկու բաժակ ազնվամորու պաղպաղակ: Տան ճանապարհին Մորիսը որոշեց, որ այսուհետ ամեն օր պետք է պարապի մաթեմատիկա:

1.   Ինչի՞ մասին է խոսվում տեքստի մեջ.

•   Այն մասին, թե ինչպես Մորիսը չէր ցանկանում սովորել:

•   Այն մասին, թե ինչպես Մորիսիը հասկացավ, որ պետք է սովորել մաթեմատիկա:

2.   Ի՞նչ խնդրեց մայրիկը Մորիսից.

- Կարգի բերել իր սենյակը:
- Գնալ խանութ մթերքի հետևից:

3. Ինչո՞վ օգնեց գանձապահը Մորիսին.

- Նա օգնեց հաշվել, թե քանի բաժակ պաղպաղակ կարող էր
Մորիսը գնել՝ մանրին:
- Նա օգնեց Մորիսին պաղպաղակ ընտրել:

4. Ինչու՞ Մորիսը որոշեց պարապել մաթեմատիկա.

- Նա հասկացավ, թե որքան կարևոր է մաթեմատիկան
կյանքում:
- Նա ցանկանում էր լավ գնահատականներ ստանալ դպրոցում:

5. Ինչո՞վ կարելի է փոխարինել «հետաքրքրվում» բառը «Մորիս
անունով մկնիկը սիրում էր ազնվամորու պաղպաղակ, բայց
առանձնապես չէր **հետաքրքրվում** մաթեմատիկայով»
նախադասության մեջ.

- ափսոսում
- սիրում

6. Ո՞ր տարբերակն է իր իմաստով **հակադիր** «**կարեկից**» բառին
«**Կարեկից** գանձապահն օգնեց նրան հաշվի մեջ և տվեց երկու բաժակ
ազնվամորու պաղպաղակ» նախադասության մեջ.

- դաժան

* հասկացող

7.   Լրացրե՛ք բաց թողնված բառերը.

երազել   ամաչեց   կարեկցում էին

* Բլոնը ____________ Վահագին, որովհետև նա կորցրել էր իր դահուկները։
* Վիգենը սիրում էր նայել ամպերին ու ____________ ինչ-որ բանի մասին։
* Ռիմման ____________ խոստովանել, որ ինքը չի կատարել տնային առաջադրանքը։

Մոդուլ 3.2

Ամեն առավ Անդրանիկը գնում էր գյուղ՝ տատիկի ու պապիկի մոտ։ Գյուղում, տան բակում, խնձորենի էր աճում։ Պապիկն ասում էր, որ դա շատ ծեր ծառ է։ Այն աճել էր դեռևս այն ժամանակ, երբ պապիկն ինքը փոքրիկ տղա էր։ Այդ ժամանակ Անդրանիկը պատկերացնում էր պապիկին՝ մի մանուկ, որ մագլցում էր ծառերը։ Դա նրան շատ զվարճալի էր թվում։

Խնձորենին՝ Անդրանիկը շատ էր սիրում։ Նա մեծ էր՝ ճյուղատարած, և բուրավետ ու անուշահոտ խնձորներ էր տալիս։ Պապիկը սովորեցնում էր Անդրանիկին՝ ինչպես ճիշտ խնամել ծառը։ Փողոցում հաճախ չափից դուրս շոգ էր լինում, որպեսզի խաղար ուրիշ տղաների հետ։ Այդ ճամանակ Անդրանիկը, պապիկի հետ միասին, նստում էր խնձորենու ստվերին և լսում պապիկի պատմությունները։ Իսկ երեկոյան տատիկը կերակրում էր իրեն ու պապիկին խնձորի կարկանդակով, որ նա թխել էր բազմամյա ծառի խնձորներով։

1.   Ի՞նչ մասին է խոսվում տեքստի մեջ.

   •   Այն մասին, որ խնձորենին շատ կարևոր էր Անդրանիկի ու նրա
տատիկ- պապիկի կյանքում:
   •   Այն մասին, թե ինչպես Անդրանիկը խնձորենի տնկեց:

2.   Ի՞նչն էր Անդրանիկին զվարճալի թվում.

   •   պապիկի պատմությունները
   •   Նա պապիկին պատկերացնում էր մի փոքրիկ տղա, որ
մագլցում էր խնձորենին:

3.   Ինչու՞ էր Անդրանիկը պապիկի հետ նստում զրուցելու խնձորենու
տակ.

   •   Որովհետև խնձորենու տակ կարելի էր պատսպարվել արևից:
   •   Որովհետև խնձորենու տակ իրենց չէր կարող գտնել տատիկը:

4.   Ինչո՞վ էր կարևոր խնձորենին.

   •   Նրա շնորհիվ պապիկն ու Անդրանիկը շփվում էին:
   •   Նա լավ բերք էր տալիս վաճառքի համար:

5.   Ինչո՞վ կարելի է փոխարինել «բուրավետ» բառը «Նա մեծ էր՝
ճյուղավորված, և **բուրավետ** ու անուշահոտ խնձորներ էր տալիս»
նախադասության մեջ.

   •   անուշաբույր
   •   քաղցր

6.   Ո՞ր տարբերակն է իր իմաստով **հակադիր** «**խնամել**» բառին «Պապիկը սովորեցնում էր Անդրանիկին՝ ինչպես ճիշտ **խնամել** ծառը» նախադասության մեջ.

- անտեսել
- հող տանել

7.   Լրացրե՛ք բաց թողնված բառերը.

գվարճալի կերպով   պատկերացնում   ճյուղատարած

- Փիսիկները ___________ թավալվում էին գորգին՝ առաջացնելով բլղրի ժպիտները:
- ___________ ծառը լայն ստվեր էր գցում:
- Ես ավելի ճանճրալի էի ___________ անտառային արշավը:

Մոդուլ 3.3

Նարինեի ծննդյան օրը նրան տիկնիկ նվիրեցին: Տիկնիկն ուներ մեծ, շագանակագույն աչքեր ու գեղեցիկ, կարմիր շրջազգեստ: Տիկնիկին Ոսկեծամիկ անվանեցին: Նարինեն ճանոթացրեց Ոսկեծամիկին մնացած խաղալիքների հետ:

Մի անգամ Ոսկեծամիկը հիվանդացավ: Նա բարձր ջերմություն ուներ ու հազում էր: Նարինեն պառկեցրեց Ոսկեծամիկին տեղերի մեջ և կանչեց բժշկին՝ փափուկ արջուկ Թեդիին: Թեդին զննեց Ոսկեծամիկին և մի գդալ մեղր նշանակեց նրան՝ ճաշից հետո: Նա նաև ասաց, որ Ոսկեծամիկը պետք է պառկի տեղերի մեջ, քանի դեռ չի առողջացել:

Երեք ժամ Նարինեն խնամեց Ոսկեծամիկին, նրան մեղր տվեց և գրքեր կարդաց: Ոսկեծամիկը կազդուրվեց: Բոլոր

50

Խաղալիքները եկան նրա մոտ թեյ խմելու և ունտելու թխվածքաբլիթները,
որոնք պատրաստել էր Նարինեն:

1.   Ինչի՞ մասին է խոսվում տեքստի մեջ.

   •   Այն մասին, թե ինչպես էր Նարինեն խաղում տիկնիկով:
   •   Այն մասին, թե ինչպես Նարինեն նոր տիկնիկ գնեց:

2.   Որտեղի՞ց էր Նարինեին Ոսկեծամիկ տիկնիկը.

   •   Նարինեն Ոսկեծամիկին գտել էր այգում՝ նստարանի վրա:
   •   Նարինեն նվեր էր ստացել Ոսկեծամիկին ծննդյան օրը:

3.   Ի՞նչ պատահեց Ոսկեծամիկի հետ.

   •   Ոսկեծամիկը հիվանդացավ:
   •   Ոսկեծամիկը բուժեց արջուկ Թեդիի անքնությունը:

4.   Ինչպե՞ս Նարինեն բուժեց Պոլինային.

   •   Նա նրան բուժեց կոնֆետներով:
   •   Նա նրան մեղր տվեց և գրքեր կարդաց:

5.   Ինչո՞վ կարելի է փոխարինել «առողջացել» բառը «Նա նաև ասաց,
որ Ոսկեծամիկը պետք է պառկի տեղերի մեջ, քանի դեռ չի **առողջացել**»
նախադասության մեջ.

   •   մեծացել

- ապաքինվել

6.   Ո՞ր տարբերակն է իր իմաստով **հակադիր** «**նվիրեցին**» բառին «Նարինեի ծննդյան օրը նրան տիկնիկ **նվիրեցին**» նախադասության մեջ.

- բերեցին
- վերցրեցին

7.   Լրացրե՛ք բաց թողնված բառերը.

իսնամելու   ծանրթացրեց   կազդուրվեց

- Թումը վերջապես ____________ իր ընկերներին պուդել Ռեքսի հետ:
- Ի ուրախություն, դեղորայքն օգնեց, և Դանիելը արագ ____________ :
- Բոլոր թոռնիկները հավաքվեցին` ——————— տատիկին, և շուտով նա լավ զգաց:

Մոդուլ 3.4

Մորիս կատուն հագավ արշավային ուսապարկը, վերցրեց կարթերը և հեծանիվ նստեց: Նրա ուսի վրա, գլխարկի լայն երիզների տակ, տեղավորվել էր նրա ընկերը` Ալան մկնիկը: Ընկերները ճանապարհվեցին դեպի անտառային լիճ` ձուկ որսալու: Ճանապարհին Ալանը զվարճացնում էր Մորիսին` երգելով զվարթ մեղեդիներ: Ահա ընկերները կանգ առան, որպեսզի ուժ հավաքեն պարկի մեջ եղած անուշեղենով, որ հավաքել էին նրանց մայրիկները ճանապարհի համար:

«Սպանեցինք որթերին։ Գնա՞նք առաջ», — վերջապես առաջարկեց Մորիսը։ Ալանն այնքան էլ լավ չհասկացավ, թե որ որթի մասին էր խոսքը։ Նա քորեց գլուխը ու նվնվաց. «Էլ ի՞նչ որթեր։ Ախր մենք որոշել էինք ծուկ որսալ կանաչ ուլռռով։ Մնում է միայն որթեր հանենք հողից»։ Հենց այդտեղ Մորիսն սկեց հռհռալ, ավելի ճիշտ՝ մոլոռալ՝ թաթերը կանթելով կողերին. այդչափի նրան զվարճացրել էին Ալանի խոսքերը։

«Սպանել որթերին՝ դա մի այսպիսի հետաքրքիր արտահայտություն է։ Այդպես խոսում են, երբ ցանկանում են ասել , որ թեթև անվեցին, կոտրեցին քացցը», բացատրեց Մորիսը։ Ալանին դուր եկավ այդ արտահայտությունը։ «Սպանեցինք, — պատասխանեց նա։ — Կարելի է գնալ առաջ»։

1.   Ինչի՞ մասին է խոսվում տեքստի մեջ.

•   Այն մասին, թե ինչպես էին կատուն ու մկնիկը պահմտոցի խաղում։

•   Այն մասին, թե ինչպես կատուն նոր ատահայտություն սովորեցրեց մկնիկին։

2.   Որտեղի՞ց էին Մորիսին ու Ալանին՝ սննդով լի պարկերը.

•   Նրանց մայրիկները ճանապարհի համար ուտելիքով լի պարկեր էին հավաքել։

•   Նրանք ձեռք էին բերել դրանք խանութից։

3.   Ինչո՞վ էին Մորիսն ու Ալանը պատրաստվում ծուկ որսալ.

•   Կանաչ ուլռռով

- որթով

4.   Ի՞նչ է նշանակում «սպանել որթերին».

- Որթերով ճուկ որսալ:
- Հագեցնել քաղցը:

5.   Ինչո՞վ կարելի է փոխարինել «ումժ հավաքել» արտահայտությունը «Ահա ընկերները կանգ առան, որպեսզի **ումժ հավաքեն** պարկի մեջ եղած անուշեղենով, որ հավաքել էին նրանց մայրիկները ճանապարհի համար» նախադասության մեջ.

- ամրանալ
- Ուտել

6.   Ո՞ր տարբերակն է իր իմաստով **հակադիր** **«հետաքրքիր»** բառին «Սպանել որթերին՝ դա մի այսպիսի **հետաքրքիր** արտահայտություն է» նախադասության մեջ.

- տաղտկալի
- հետաքրքրաշարժ

7.   Լրացրե՛ք բաց թողնված բառերը.

թեթև անվեցին   տեղավորվել էր   զվարճացնել

- Լիանան հարմար —————— բազմոցին՝ գրքի ու թեյի հետ միասին:
- Դերասանը կարողանում էր իր կատակներով մի լավ —————— հյուրերին:

54

- Լողալուց առաջ երեխաները ——————— կաղամբի կարկանդակով:

Մոդուլ 3.5

Երբ Թինան չէր կարողանում քնել, նա գնում էր տատիկի մոտ: Ուշ երեկոյան նա մտավ խոհանոց և ձեռքերի մեջ բռնել էր իր փափուկ խաղալիք նապաստակին: Թինայի տատիկը փառաբանվում էր ամբողջ շրջանում իր նարնջի մուրաբայով ու հեքիաթ պատմելու կարողությամբ: Թինային տեսնելով՝ նա առաջին հերթին կրակին էր դնում թեյնիկը: Նա միշտ երեք բաժակ էր դնում սեղանին. Թինային, իրեն և փափուկ նապաստակին: Նա թեյին անպայման մի գդալ նարնջի մուրաբա էր ավելացնում: Իսկ հետո տատիկը նրան նստեցնում էր ճօճվող բազկաթոռի մեջ, ծածկում վերմակով ու սկսում հեքիաթներ պատմել: Ամենից շատ Թինան սիրում էր լսել հեքիաթ կարմրահեր արքայադստեր ու նրա արկածների մասին: Արքայադուստրը քաջ էր, բարի և օգնում էր իր ամրոցը շրջապատող կախարդական անտառի բոլոր կենդանիներին: Երբեմն Թինային թվում էր, թե ինքն ու արքայադուստրը մի փոքր նման են:

Նստած, փաթաթված վերմակի մեջ, Թինան վայելում էր անուշաբույր թեյը և ունկնդրում տատիկի հեքիաթները: Թինան նույնիսկ չէր նկատում՝ ինչպես են իր կոպերը սկսում ծանրանալ: Շուտով նա արդեն քնած էր և երազի մեջ տեսնում էր կարմրահեր արքայադստեր արկածները:

1. Ինչի՞ մասին է խոսվում տեքստի մեջ.

- Այն մասին, թե ինչպես էր տատիկը հոգ տանում Թինայի մասին, երբ նրա քունը չէր տանում:
- Այն մասին, թե որքան էր Թինային դուր գալիս

55

չարաճճիություններ անել քնելուց առաջ:

2.   Ի՞նչ էր անում տատիկը, երբ Թինայի քունը չէր տանում.

    •   Տատիկը նրան դնում էր սայլակի մեջ:
    •   Տատիկը նրան թեյ էր տալիս և հեքիաթներ պատմում նրա համար:

3.   Ինչպիսի՞ն էր հեքիաթների կարմրահեր արքայադուստրը.

    •   Արքայադուստրը կամակոր էր:
    •   Արքայադուստրը քաջ էր, բարի և օգնում էր կենդանիներին:

4.   Թինան ի՞նչ էր հաճախ տեսնում երազում.

    •   Թինան երազում տեսնում էր կարմրահեր արքայադստեր արկածները:
    •   Թինան երազում նարնջի մուրաբա էր տեսնում:

5.   Ինչո՞վ կարելի է փոխարինել «փառաբանվում էր» բառը «Թինայի տատիկը **փառաբանվում էր** ամբողջ շրջանում իր նարնջի մուրաբայով ու հեքիաթ պատմելու կարողությամբ» նախադասության մեջ.

    •   բարի էր
    •   հայտնի էր

6.   Ո՞ր տարբերակն է իր իմաստով **հակադիր** «քաջ» բառին «Արքայադուստրը **քաջ** էր, բարի և օգնում էր իր ամրոցը շրջապատող կախարդական անտառի բոլոր կենդանիներին»

նախադասության մեջ.

- համարձակ
- վախկոտ

7. Լրացրե՛ք բաց թողնված բառերը։

վայելում   բաց   նկատել

- Ես հիանում էի ——————— կապիտանի մասին
պատմությունով, որը պայքարում էր ծովահենների դեմ։
- Երեխաները չէին ——————— , թե ինչպես մութը պատեց
լուսամուտից այն կողմ։
- Ոչ ոք այնպես չէր ——————— սուրճը, ինչպես իմ մայրը։

Մոդուլ 3.6

Տան ճանապարհին, ծաղիկների խանութում, Արեգը նկատեց անսովոր ծաղիկներ։ Մանուշակագույնը՝ դրանք ցուցադրված էին վաճառասեղանին և օդը հագեցնում էին անհավանական բուրմունքով։

«Այս ի՞նչ ծաղիկներ են», — հարցրեց Արեգը մորուքավոր վաճառողին։

«Դա յասաման է», — բացատրեց վերջինս։

Ծաղկավաճառը բացատրեց, որ յասամանն արագ թոռոմում է շոգին։ Իրենց կողմերում յասամանը հազվադեպ բան էր։ Արեգը հիշեց, որ յասամանի մասին իրեն պատմել էր նաև տատիկը։ Այնտեղ, որտեղ անցել էր իր մանկությունը, յասամանը ծաղկում էր ամեն գարնան։ Տատիկը

շատ էր կարոտում յասամաններին: Արեգն անմիջապես մի փունջ քնեց
նրա համար:

Տատիկն ապրում էր քաղաքի մյուս ծայրին: Ծաղկավաճառը
վախեցավ, որ Արեգը տեղ չի հասցնի փունջը՝ ամբողջությամբ ու
ապահով: Վաճառողն առաջարկեց փունջը փաթաթել խոնավ թերթով և
ծածկել յասամանը սառույցով:

Տատիկը զարմացավ, երբ Արեգը հանդիսավորությամբ մատուցեց
նրան խոնավ թղթե փաթեթը: Նա բացեց թերթը: Այդ ժամանակ Արեգը
տեսավ, որ գրեթե բոլոր ճյուղերից թափվել էին ծաղիկները:

Տատիկը խնամքով ձեռքը վերցրեց ճյուղը, որի վրա դեռևս
պահպանվել էին ծաղիկները, և ժպիտը դեմքին՝ երկար նայում էր նրանց:

«Շնորհակալ եմ, որ վորադարձրիր ինձ իմ մանկությունը», —
ասաց նա և գրկեց Արեգին:

1.   Ինչի՞ մասին է խոսվում տեքստի մեջ.

      •   Այն մասին, թե ինչպես է Արեգն իր տատիկին նվիրում նրա
      սիրած ծաղիկները:
      •   Այն մասին, թե ինչպես Արեգը չգիտեր՝ ինչպիսի ծաղիկներ
      նվիրել նրա ծննդյան օրը:

2.   Ինչու՞ Արեգն ուշադրություն դարձրեց յասամանին.

      •   Որովհետև դրանք ոչ սովորական, մանուշակագույն ծաղիկներ
      էին:
      •   Որովհետև վաճառողը Արեգին առաջարկեց յասամանը:

3.   Ինչու՞ էր յասամանը հազվագյուտ՝ այնտեղ, որտեղ   58

ապրում էր Արեգը.

- • Որովհետև դա այնտեղ չէր ածում, և դժվար էր տապին այն
տեղափոխել այնտեղ:
- • Որովհետև այնտեղ յասամանի բոլոր թփերը հատվել էին:

4.   Ինչո՞ւ էր տատիկի համար յասամանն այդջափ թանկ.

- • Որովհետև յասամանը շատ հաճելի էր բուրում:
- • Որովհետև յասամանը տատիկին հիշեցնում էր իր
մանկությունը:

5.   Ինչո՞վ կարելի է փոխարինել «վախեցավ» բառը «Ծաղկավաճառը
վախեցավ, որ Արեգը տեղ չի հասցնի փունջը՝ ամբողջությամբ ու
ապահով» նախադասության մեջ».

- • անհանգստացավ
- • վտանգ զգաց

6.   Ո՞ր տարբերակն է իր իմաստով **հակադիր «խնամքով»** բառին
«Տատիկը **խնամքով** ձեռքը վերցրեց ճյուղը, որի վրա դեռևս պահպանվել
էին ծաղիկները, և ժպիտը դեմքին՝ երկար նայում էր նրանց»
նախադասության մեջ.

- • զգուշությամբ
- • կոպիտ

7.   Լրացրե՛ք բաց թողնված բառերը.

հանդիսավորությամբ   հազվադեպ   զարմացած

- Սարերում ձյունը մայիս ամսին բոլորովին էլ ——————— չէ:
- Մայրիկը —————— էր այդպիսի տարօրինակ նվերով:
- Շախմատի չեմպիոնություն —————— հանձնեցին գավաթ՝ մրցաշարում հաղթելու համար:

Մոդուլ 3.7

Աշնանային արձակուրդներին Մարտինը, մայրիկը, հայրիկն ու Ռեքս անունով հովվաշունը ճանապարհվեցին դեպի ֆերմա: Հենց առաջին օրը Ռեքսը կորավ ինչ-որ տեղ երեք ժամ շարունակ: Երբ նա վերադարձավ, ատամներով բռնած՝ մի անսովոր գոհ բերեց: Հայրիկն անմիջապես որոշեց, որ դա պարկամկան ճագ է:

Պարզվեց, որ Ռեքսը խիստ զգուշավոր որսորդ էր, և ճագուկ պարկամուկը չէր վնասվել նրա ատամներից: Ճիշտ է, Ռեքսի թքից նա թրջվել էր մինչև ոսկորները: Մարտինի մայրիկը սրբիչով խնամքով փաթաթեց փոքրիկ պարկամկանը և դրեց կարտոնե տուփի մեջ: Փոքրիկի կողքին նա տեղավորեց մի շիշ գոլ ջուր, որպեսզի պարկամուկը չսառչեր առանց իր մայրիկի:

Առավոտվա կողմ պարկամուկը չորացել էր և լիիվ առողջ տեսք ուներ: Նա այնքան լավիկն էր, որ Մարտինը խնդրեց ծնողներին՝ թողնել գազանիկին, որ ապրի իրենց հետ: Բայց ծնողները չհամաձայնեցին:

—Պարկամուկը դա վայրի գազանիկ է, և նա սովոր չէ ապրել մարդկանց հետ՝ ինչպես Ռեքսը: Եթե վայրի կենդանին առողջ է ու կարողանում է ինքն իր համար հոգ տանել, պետք է նրան անպայման ազատ արձակել,— բացատրեցին մայրիկն ու հայրիկը: Նրանք տարան փոքրիկին անտառ և բաց թողեցին անտառում:

Մարտինը տեսավ, թե ինչպես պարկամուկն ուրախ վազեց արահետով դեպի անտառի խորքը: Այդ ժամանակ նա հասկացավ, որ ծնողներն իրավացի էին, որ վայրի գազանիկին վերադարձրին բնություն:

1.   Ինչի՞ մասին է խոսվում տեքստի մեջ.

•   Այն մասին, թե ինչպես ընտանիքը փրկեց պարկամկան ձագուկին:
•   Այն մասին, թե ինչպես ընտանիքն ընտելացրեց պարկամկանը:

2.   Ինչպես հաջողվեց Ռեքսին՝ չվնասել պարկամկանը, երբ բերեց նրան ատամների մեջ առած.

•   Պարկամկները կոշտ մորթի ունեն:
•   Ռեքսը զգուշավոր էր:

3.   Ինչպե՞ս Մարտինի մայրը հոգաց պարկամկան մասին.

•   Նա տարավ նրան անասնաբույժի մոտ:
•   Նա թույլ չտվեց, որ պարկամուկը սատկի:

4.   Ինչու՞ Մարտինին թույլ չտվեցին իր մոտ պահել պարկամկանը.

•   Որովհետև վայրի կենդանիների համար ավելի լավ է ապրել բնության գրկում:
•   Որովհետև պարկամուկը փախավ:

5.   Ինչո՞վ կարելի է փոխարինել «լավիկ» բառը «նա

այնքան **լավիկն** էր, որ Մարտինը խնդրեց ծնողներին՝ թողնել գազանիկին, որ

ապրի իրենց հետ» նախադասության մեջ.

- աշխույժ
- ծիծաղելի

6.   Ո՞ր տարբերակն է իր իմաստով **հակադիր** «**վայրի**» բառին

«Պարկամուկը դա **վայրի** գազանիկ է, և նա սովոր չէ ապրել մարդկանց հետ՝ ինչպես Ռեքսը» նախադասության մեջ.

- տնային
- վտանգավոր

7.   Լրացրե՛ք բաց թողնված բառերը.

գոհին   տեսք չունեն   մինչև ոսկորները

- Արյունծը կատաղի մնչաց նախքան իր —————— ճանկելը:
- Տեղատարափ անձրևն այնքան ուժեղ էր, որ մենք արագ թրջվեցինք —————— :
- Աշխատանքային երկար օրվանից հետո մայրիկն այնուամենայնիվ հոգնած —————— :

Մոդուլ 3.8

Այսօր տանը տոնական եռուզեռ է տիրում: Վաղը Մայրիկի ծննդյան օրն է, և ամբողջ ընտանիքը պատրաստվում է հյուրերի գալուն: Քանի դեռ տատիկը կարկանդակ է պատրաստում, Աննան ու հայրիկը գնացին սուպերմարկետ՝ դեսերտի համար մրգեր գնելու:

Սուպերմարկետում Աննան գեղեցիկ գավաթներ տեսավ սուրճի համար։ Բլուրին է հայտնի, որ մայրիկը սուրճի մեծ սիրահար է։ Դրա համար էլ Աննան որոշեց սուրճի գավաթներ գնել մայրիկին՝ որպես նվեր։ Դրանից առաջ Աննան նվերներ միայն ստացել էր, իսկ ինքը երբեք ոչ մեկին ոչինչ չէր նվիրել։

Աննայի գրպանում մի քանի դրամ կար, որ ատամի փերին էր նրա բարձի տակ թողել անցած կիրակի։ Աննան հարցրեց վաճառողուհուն, թե որքան արժի մենագեղեցիկ գավաթը։ Պարզվեց, որ Աննային չի բավարարում հազար դրամ։ Այստեղ նրան մոտեցավ հայրիկը։ Նա որոշեց օգնել նրան և վաճառողուհուն տվեց պակասող հազար դրամը։ Գեղեցիկ փաթեթավորած գավաթն Աննան տարավ տուն։

Աննան չկարողացավ սպասել հաջորդ օրվան, որպեսզի մայրիկին նվիրի գավաթը։ Նա զարմանքով հասկացավ, որ նվիրելն ավելի հաճելի է, քան ստանալը։ Աննան որոշեց, որ յուրաքանչյուր տոնի այլ նվերներ կպատրաստի ծնողների համար։

1.   Ինչի՞ մասին է խոսվում տեքստի մեջ։

   •   Այն մասին, թե ինչպես Աննան սովորեց փողերի հետ ճիշտ վերաբերվել։
   •   Այն մասին, թե ինչպես Աննան հասկացավ, որ նվիրելն ավելի հաճելի կարող է լինել, քան նվեր ստանալը։

2.   Ի՞նչ նպատակով Աննան ու հայրիկը գնացին սուպերմարկետ։

   •   Մայրիկին նվեր գնել։
   •   Դեսերտի համար մրգեր գնել։

3.   Որտեղի՞ց էր Աննային գումարը.

  • Աննան կարծում էր, որ գումարն ատամի փերին է
    թողել իրեն:
  • Դա տատիկն էր տվել նրան:

4.   Ինչու՞ Աննան չկարողացավ սպասել հաջորդ օրվան.

  • Նա չէր համբերում համտեսել դեսերտը:
  • Նա չէր համբերում նվիրել մայրիկին սուրճի գավաթը:

5.   Ինրո՞վ կարելի փոխարինել «պակասող» բառը «Նա որոշեց օգնել նրան և վաճառողուհուն տվեց **պակասող** հազար դրամը» նախադասության մեջ.

  • ավելորդ
  • չհերիքող

6.   Ո՞ր տարբերակն է իր իմաստով **հակադիր** «**եռուզեռ**» բառին «Այսօր տանը տոնական **եռուզեռ** է տիրում» նախադասության մեջ.

  • զգվարճանք
  • հանգստություն

7.   Լրացրե՛ք բաց թողնված բառերը.

          Փաթեթավորված   զարմանքով   տիրում էր

  • Թատրոնում ———— էր հանդիսավոր մթնոլորտ:

- • ————————— ծաղրածը հայրիկը տարավ տուն։
- • Վիգենը ————————— հինգ հազար դրամ գտավ իր գրպանում։

Մոդուլ 3.9

Մարիամն ու Օվսաննան երկվորյակներ են։ Արտաքինից նրանք նման են իրար՝ ինչպես ջրի երկու կաթիլ։ Բայց բնավորությամբ՝ աղջիկները տարբերվում են։

Մարիամը հաճախ է մի բան անում, իսկ հետո մտածում։ Օվսաննան էլ երկար երկմտում է, նախքան ինչ-որ բան որոշելը։ Աղջիկների խաղերը հաճախ էին ավարտվում վեճով։

Մի անգամ մայրիկը Մարիամին ու Օվսաննային շատ կարևոր նորություն հայտնեց. ճաշին իրենց հյուր է գալիս պապի՛կը... Աղջիկներն ուրախացան և որոշեցին նրա համար անակնկալ պատրաստել։ Օվսաննան չգիտեր՝ ինչ անակնկալ դուր կգա պապիկին։ Ահա թե ինչու, նա գնաց հարցնի այդ մասին մայրիկից։ Մայրը խորհուրդ տվեց Օվսաննային մի ինչ-որ «առող» աղանդեր թխել, որովհետև շատ քաղցրը պապիկին վնաս էր։ Օվսաննան անմիջապես նստեց համակարգչի առաջ սկսեց բաղադրատոմսերի էջեր կարդալ։ Մարիամն էլ անմիջապես խոհանոց վազեց, որ պապիկի համար տորթ թխի։ Մարիամը բաղադրատոմս չուներ։ Բայց նա համացանցից մի տեսանյութ էր ադոտ կերպով հիշում խմորեղենի մասին։

Որոշ ժամանակ անց խոհանոց վազեց Օվսաննան։ Նա վերջապես օգտակար բաղադրատոմս էր գտել՝ բալի-հատապտուղների ժելե։ Օվսաննան չգիտեր՝ կհասցնի արդյոք պատրաստել ժելեն, քանի որ պապիկին սպասում էին րոպե առ րոպե։ Օվսաննան շտապ կտրտեց հատապտուղները և սկսեց եփել դրանք հատուկ եղանակով։

Մարիամն այդ ժամանակ ջեռոցից արդեն հանում էր շերտերը: Օվսաննան այրվածի հոտ առավ. շերտերն այրվել էին: Մարիամի աչքերում արցունքներ հայտնվեցին: Միայն մի շերտն էր ունելու պիտանի: Օվսաննայի հատապտուղները դեռ շատ հեռու էին ժելեից: Օվսաննան ևս քիչ էր մնում լաց լիներ:

Այդ ժամանակ աղջիկները լսեցին, թե ինչպես տան մոտ մեքենա կանգնեց: Դա պապիկն էր եկել տաքսիով: Այդ պահին աղջիկները նայեցին միմյանց, կարծես թե նրանց երկուսի գլխում էլ նոր միտք էր ծագել:

Երբ պապիկը տուն մտավ, Օվսաննան ու Մարիամն ուրախ ընդառաջ վազեցին նրան` ձեռքներին մի ափսե, և զվարթ կանչեցին. «Անակնկա՛լ...հատապտուղներով կարկանդա՛կ»: Պապիկը գրկեց աղջիկներին և համտեսեց անուշեղենը: «Ընտի՛ր է», — հայտարարեց նա: Մարիամի շերտը և Օվսաննայի հատապտուղներն անսպասելի միավորվել էին պապիկի գերազանց աղանդերի մեջ : Առաջին անգամ աղջիկները փայլուն կերպով աշխատեցին միասին:

1.   Ինչի՞ մասին է խոսվում տեքստում.

•   Այն մասին, թե ինչպես են Մարիամն ու Օվսաննան միասին աղանդեր պատրաստում պապիկի համար:
•   Այն մասին, թե ինչպես են Մարիամն ու Օվսաննան վիճում աղանդերի պատճառով:

2.   Ի՞նչ կարևոր նորություն հայտնեց մայրիկը Մարիամին ու Օվսաննային.

•   Մայրիկը պատմեց նրանց, թե ինչ մթերքներ են օգտակար

պապիկին:

- Մայրիկը հայտնեց նրանց, որ պապիկը շուտով կգա իրեց մոտ:

3. Ինչու՞ Մարիամի մոտ չստացվեց պապիկի տորթը.

- Որովհետև Մարիամը շաքարավազի փոխարեն
պատահաբար աղ էր ավելացրել խմորին:
- Որովհետև Մարիամը բաղադրատոմս չուներ:

4. Ինչպե՞ս Օվսաննան ու Մարիամը հասցրեցին նախքան պապիկի գալը աղանդեր պատրաստել.

- Նրանք միավորեցին իրենց կիսապատրաստ աղանդերը
պապիկին արված մի անակնկալի մեջ:
- Պապիկն ուշացավ, և Օվսաննայի ու Մարիամի համար ավել
ժամանակ առաջացավ:

5. Ինչո՞վ կարելի է փոխարինել «ծագել» բառը «Այդ պահին
աղջիկները նայեցին միմյանց, կարծես թե նրանց երկուսի գլխում էլ նոր
միտք էր **ծագել**» նախադասության մեջ.

- հայտնվել
- փոխվել

6. Ո՞ր տարբերակն է իր իմաստով **հակադիր** «աշխատեցին» բառին
«Առաջին անգամ աղջիկները փայլուն կերպով **աշխատեցին** միասին»
նախադասության մեջ.

- ուրախացան

* վիճեցին

7. Լրացրե՛ք բաց թողնված բառերը.

Հիշում էր   ծագեց   երկմնում էր

* Հայրիկն աղոտ ___________ ծովահեններիմասին ֆիլմը:
* Երեկ գրասանքի ժամանակ իմ գլխի մեջ միտք ————— նոր
պատմության մասին:
* Ստեփանը որոշ չափով ————— դեպի անապատ
ուղևորության պահով:

Մոդուլ 3.10

Պապիկը մեծ կատակասեր էր ու ծիծաղի տոպրակ: Նա այնպես
վարակիչ էր ծիծաղում, որ ես ինքս էլ անմիջապես սկսում էի քրքջոցից
պայթել: Մի անգամ պապիկը, տատիկն ու ես մեկնեցինք
ճանապարհորդության դեպի Կոստա Ռիկո: Առաջին իսկ երեկոյան, հենց
որ մտանք հյուրանոցի համար, սարսափելի մռնչոց լսեցինք: Ես
անմիջապես կռահեցի, որ դրանք կոատներն են` սարդանման կապիկներ,
որոնցով հայտնի է Կոստա Ռիկան: Պապիկը կատակեց, թե իբր դա
դինոզավրն է մռնչում: Հետո մենք պարզեցինք, որ լուսամուտի տակ,
ծառերի վրա ապրում էր այդ ոչ մեծ կապիկների մի ամբողջ գերդաստան`
հայտնի իրենց սուր մռնչյունով: Ամեն երեկո զվարճալի կապիկները
կազմակերպում էին իրենց սարսափելի համերգը, որին մենք արագ
ընտելացանք և ավելին`սկսեցինք սպասել անհամբերությամբ:

Ամեմ նաև` պապիկը գերազանց էր պատրաստում: Տոն օրերին
ամբողջ ընտանիքը նրանից խորոված-կ էր սպասում ու ծխեցրած ձուկ: Ես
շատ էի սիրում, երբ նախաճաշին նա ինձ նրբերշիկ էր մատուցում:
Մայրիկն ու հայրիկը հազվադեպ էին դա գնում. նրանք

կարծում էին, որ նրբերշիկն այնքան էլ օգտակար չէ: Դրա համար էլ, երբ
ես հյուրընկալվում էի պապիկ-տատիկի տանը, պարզապես պաշտում էի՝
արթնանալ տապակած նրբերշիկի հոտից: Կոստա Ռիկայում պապիկը չէր
պատրաստում, քանի որ շուրջը բազմաթիվ ռեստորաններ կային:
Պապիկը պարզապես տանել չէր կարողանում երկար հերթերը և հաճախ
էր կրկնում. «Հերթ ես տեսնում փախի՛ր: Հերթի մեջ ձաձրանալը, երբ դու
հանգստանում ես, պապիկների գործը չէ»: Բայց ձապոնական ռեստորան
կարելի էր միշտ ազատ մտնել: Մենք երեքս էլ շատ շատ էինք սիրում
ձապոնական խոհանոցը:

Ասեմ նաև՝ Կոստա Ռիկայում մենք ամեն օր գնում էինք
օվկիանոս՝ լողալու: Մի քանի անգամ դիմակներով սուզվեցինք և
ուսումնասիրեցինք ստորջրյա բնակիչներին: Դա ամենաուրախ
ուղևորություններից մեկն էր: Երբ մենք հետ վերադարձանք տուն,
հաջորդ առավոտ ինձ արթնացրեց տապակած նրբերշիկների սիրելի
բույրմունքը. «Ես կարծում եմ՝ մենք բոլորս կարոտե՛լ ենք նրբերշիկներին»,
— ասաց ես: « Ահա, նրբերշիկներն էլ մեզ են կարոտել», — հայտարարեց
պապիկը:

1.   Ինչի՞ մասին է խոսվում տեքստի մեջ.

    •   Այս տեքստում խոսվում է ընտանեկան տոների մասին:
    •   Այս տեքստում խոսվում է պապիկի մասին:

2.   Ո՞վ էր բարձր մռնչոցներ արձակում հյուրանոցի մոտ.

    •   սարդանման կապիկները
    •   դինոզավրը

3.   Ինչու՞ Կոստա Ռիկոյում պատմողն իր տատիկ-պապիկի հետ   69

ամբողջ ժամանակ հաճախում էին ճապոնական ռեստորան։

* Որովհետև նրանք սիրում էին ճապոնական խոհանոցը, և որ այդ ռեստորանում հերթեր չկային։
* Որովհետև այնտեղ նրբերշիկներ էին պատրաստում։

4. Ի՞նչն ի նկատի ուներ պապիկը, երբ ասաց, որ նրբերշիկներն էլ իրենց են կառուցել։

* Նա այդպիսով կատակ էր անում։
* Նա քաղցած էր։

5. Ի՞նչ բառով կարելի է փոխարինել «քրքջոց» բառը «Նա այնպես վարակիչ էր ծիծաղում, որ ես ինքս էլ անմիջապես սկսում էի **քրքջոցից** պայթել» նախադասության մեջ։

* ծիծաղ
* մռնչոց

6. Ո՞ր տարբերակն է իր իմաստով **հակադիր** «**տանել չէր կարողանում**» արտահայտությանը «Պապիկը պարզապես **տանել չէր կարողանում** երկար հերթերը և հաճախ էր կրկնում. «Հերթ ես տեսնում փախի՛ր։ Հերթի մեջ ծածրանալը, երբ դու հանգստանում ես, պապիկների գործը չէ» նախադասության մեջ։

* խուսափում էր
* պաշտում էր

7. Լրացրե՛ք բաց թողնված բառերը։

- Եգիպտոսը ——————— է ամբողջ աշխարհին իր բուրգերով:
- Ես առաջինը ——————— , որ շունը բլորովին էլ չի փախել, այլ լռվել մնացել է ձեղնահարկում:
- Բլորն արթնացան շան ——————— հաչոցից: